中国人的身心生活

章敬平 著

天津出版传媒集团
天津古籍出版社
天津科学技术出版社

果麦文化 出品

自序

养生，是我们耳熟能详、日日可闻又似懂非懂的词。如果你猛然打断一个谈论养生谈得兴致盎然的人，问他什么是养生，他可能马上愣住，不知从何说起。

养生，是不是保健？

我们今天所说的养生，与古人所说的养身、养体、养形、养精、养气、养神、养心、养性有什么联系与区别？

养生，为什么要养心、养性？为什么要养精、养气、养神？又为什么要修身养德？

养生的目的是什么？就是为了长寿吗？

养生究竟能不能长寿？寿数是天定的，还是人养的？如果是人养的，为什么"度百年而去"的养生家少之又少？如果是天定的，为什么孜孜以求于养生者千年不绝？

我对养生话题的兴趣，始于阅读欧阳修、苏轼等人的文集。在他们的文集中，养生祛病的文字比比皆是，只不过我们的文选往往不选，以至于我长期以来一直以为古之圣贤君子都是不畏死、不谈养生的。实则不然，帝王将相、圣贤哲睿、文人雅士，李白杜甫、二程三苏、康熙乾隆、曾国藩李鸿章，但凡我们叫得上名字的古代政治家、文学家、学者，没有谁轻视过养生。有的人还会把养生心得写成家书家训，供儿孙习诵。

读古代先贤的养生文字，初以为玄妙高深、不知所云，渐觉肌理分明、有迹可循，终而触类旁通、妙趣横生，对自己钻研太晚、觉悟太迟，深以为憾。这倒不是因为我有什么慧根，而是因为两千多年的养生文化，于悠远绵长中保持了一脉相承的连续性、一致性。

在西方医学进入中国之前，诸多文人士大夫通晓医理，亦官亦医。欧阳修、王安石、范仲淹、辛弃疾、司马光、苏轼、沈括、陆游、朱熹等，"儒而通医"者众多。他们不但治国理政，著书立说，还钻研医学、养生学。刘禹锡的《传信方》、沈括与苏轼的《苏沈良方》，是我们文史读者不易知晓的传世医书。我们通常不会知道，欧阳修给苏东坡的父亲开过药方，曾国藩最看重的家庭全科医生是一位官场至交，而非职业医生。

"无儒不通医"是个夸张的说法，"无儒不通养生"则是真实且普遍的现象。这是因为大家对阴阳五行、天人合一、形神相依的信仰是共同的。《黄帝内经》给历代儒生提供了大致相同的理论体系。在天人相依、动静相宜、未病先养、形神共养的话语逻辑中，苏轼能与千年前的先秦诸子"对话"养生，我们也能与千年前的苏轼"对话"养生。

在"对话"圣贤哲睿、古代养生家的过程中，我常有相见恨晚之叹，我将之分享给身边亲友，也不时听到"早知如此，必不当初"的懊恼。

当今世界，人们都很忙：忙于营生，忙于事业，忙于富贵。我们太忙了，没时间健身，无暇思考，不看月亮。我们似乎觉得，抽点儿零碎的时间活动一下筋骨，然后推开窗户看看天空，发一会儿呆，温润片刻的苦涩，都是对时间的浪费。其实，我们并没有忙到这个份上，只是缺乏身心和谐的养生意识。有时候，我们对养生的追求就是大家彼此调侃的枸杞、菊花、保温杯，富贵者可能还会说喝茅台。

我们的先贤不是这么看待养生的，他们所说的养生不是个体的保健、奇效的偏方，而是身心灵、精气神的圆融通达，是人与自然的美妙互动，是人与社会的和谐相处，是人与自我的和解，是倒头就睡，睁眼就笑，看云听鸟，交友远足，悲天悯人，热爱自然，探索新知，安贫乐道，节制欲望，富而知礼，贫而自得，是太极拳、八段锦。

正如李鸿章告诫子侄的那样，养生不是为了长寿，而是为了让短暂的生命活得有质量。古代养生家希望我们感受到的是快乐，是面对死亡的坦然，是静照空灵的怡然自得，是充实唯美的有为人生，是生命的长度乘以高度乘以宽度的积，是闲暇一日得两日寿辰的人生思考。

在前所未有的社交网络时代，包裹在内卷、焦虑、焦躁、小目标之中的凡夫俗子，把医院的精神科门诊堵得严严实实。不知从哪天开始，焦虑、忧郁忽如一夜春风来，惊得我们不知道说什么好。我希望，这本小书能够让大家从古人的养生智慧乃至教训中，有所感悟，做一个健康的人，欢喜的人，有节制的人，尽可能活得更长的人。

导读

九九归一,从来处来,到去处去,再回到本初的状态,看似兜了一圈,其实是生命的升华。我们的一生,是我们的自然生命从生到死,从无到有,再归于无的轮回。我把这本小书分为九卷,每卷九篇,共计八十一篇。从老庄到孔孟,从欧苏到曾李,我期待他们谈论养生的短文,像九九归一的光亮,烛照我们自然生命的轮回之路,升华我们的社会生命,还我们一个生机勃勃的我,一个欢喜自在的我。

一、贵生遵生:人命至重,有贵千金

之所以把"贵生遵生"放在卷一,是希望每一位拿到书的读者,都有"我要养生"的主观意识。有的人相信生死有命,对养生一信九疑,加之工作繁忙、琐事缠身,懒得思考养生之事。特别是年轻人,血气方刚,少见生死,甚至没去过医院,不知养生的必要。孰知,出名要趁早,养生也要趁早。宋代理学家程颐告诫弟子，年老之后才去养生，如同人穷之后再去攒钱，无论你怎么努力，都无济于事，"虽勤亦无补矣"。

天底下，没有什么比生命更宝贵。吕不韦主编的《吕氏春秋》说："圣人深虑天下，莫贵于生。"这就是"贵生"两字的由来。"药王"孙思邈特地把他的医书取名《千金要方》，就是为了告诉世人"人命至重，有贵千金"。"遵生"两字，源自宋美龄生前爱读的明代养生名著《遵生八笺》。道教全真道的丘处机写过一本《摄生消息论》，其中的"摄生"也是"贵生""遵生"的意思。

过去，文人书信往来，结尾常有"善加珍摄"之句，其中的"摄"就是"摄生"，提醒收信人注意养生、保重身体。

二、修身养性：善养生者必能处理好人与社会的关系

卷二"修身养性"有着鲜明的儒家色彩。今天，一谈养生，我们会下意识地联想到中医养生。其实，历史上，"儒释道医"都讲究养生，儒生、和尚、道士、中医，四家之中没有一家不讲究养生。只不过，养生是道家的相对优势罢了。起初，儒释道三家养生的观念、方法不尽相同，然而时光逐渐缩小了它们的差异，竟而以我们熟悉的中医养生展现在街头巷尾中、手机电视上。

道家养生的核心理念是顺应自然，有鲜明的出世色彩，不同于儒家的积极入世，但在岁月的流逝中，儒家有了出世思想，道家也有了入世精神。东晋道教思想家葛洪与时俱进，将道家的神仙方术

与儒家的纲常名教合而为一，嘱咐徒子徒孙要以忠孝、仁信为本，德行不修，不得长生。唐宋之后，儒家的修身养性与道家的导引服气，在诸多儒家圣贤的养生实践中并行不悖。苏轼是儒家，他是一位笃信修身养性的"儒而通医"者，也曾骄傲地自称"铁冠道人"。

儒家不会孤立地谈养生，总是将长寿与修身养性连在一起。《资治通鉴》中说，"初唐四杰"年轻时才华横溢，闻名遐迩。有一年，四人同赴京城长安，参加官吏补选。因为文采出众，四海扬名，有的吏部高官对他们的仕途前景非常看好。然而，出身名门望族的吏部侍郎裴行俭见过四人，不以为然，说他们浮躁浅露，有才名，无仕途。他还点名道姓地说，杨炯相对稳重一些，也许能当一个县令，其他三人能够善终就不错了。果然，王勃二十六岁就死了。

人是一切社会关系的总和。你不修身养性，就难以其乐融融，就难以处理人与人之间的关系。养生不但要在自然中养，也要在人群中养，在社会中养。善养生者必须处理好人与社会的关系。如果我们用世界卫生组织关于健康的定义描述养生的目标，那么在躯体健康、心理健康之外，还要加上：良好的社会适应能力、社会道德健康，这与古代养生家钟情的修身养性又有什么实质性的差别呢？

三、形神共养：向庄子学习，向庖丁学习

卷三"形神共养"是这本小书试图彰显的养生要义。古代养生家都喜欢说"太上养神，其次养形"，意思是说，保养精神比保养

肉身重要。我觉得人的肉身与精神犹如中学生的语文与数学，很难说孰轻孰重，最好的养生莫过于形神共养。先秦时期，养生家们就曾断言，人是由精神与形体组成的。一个没有"神"的人，无异于行尸走肉。

养生与养形的关系，无须多言，需要多说几句的是养生与养神的关系。

"神"，是一个我们天天挂在嘴边，可以意会、难以言传的汉字。故友重逢，你突然发现对方倦怠无神，或者六神无主，你可能马上就会下意识地猜测对方是不是病了。

对"神"的理解，离不开精与气，精气神总是连在一起说的。精与气，都是精微物质，而神不是。精能化气，气能化精，精气化神。意思是说，神，仰赖于精、气的物质滋养。精气充沛，则神明；精气虚弱，则神衰。

古代养生家爱说养生与养神的关系。最典型的应该是庄子。"养生"一词最早见于《庄子》，我们小时候学过的"庖丁解牛"就是说养生之道的。而且，还是以寓言故事的方式，提醒我们养生之道在于养神，养神之道在于顺应自然。

多年前，我听一位前辈说，一旦你真正理解了庖丁解牛的寓意，你就能处理好复杂的人际关系。当时，耳旁风一样一吹就过去了。曾几何时，我和友人对照世界卫生组织的健康标准，怀疑自己缺乏良好的社会适应能力，可能会在良好适应社会与社会道德健康之间顾头不顾腚，达不到世界健康标准，不知如何是好。后来，读

《庄子》，慢慢发现，庄子对这个看似两难的养生问题给出了答案，那就是"因其固然""依乎天理"，专注于养神。

你看，牛的筋骨盘结，与我们对社会关系复杂的感叹何其相似？如果我们处理世事，能够遵循"因其固然""依乎天理"的客观规律，秉承"怵然为戒"的审慎态度，坚持"善刀而藏"的处世之道，即便达不到庄子所受的"乘云气，御飞龙，而游乎四海之外"的"神人"境界，游刃有余、尽享天年、"神"不为外物所伤总是可以勉强为之的吧！

四、情志调摄：情志致病，皆为内伤

卷四"情志调摄"是我郑重其事挑选的养生之术。本来，"情志调摄"可归于"形神共养"。考虑到精神健康对今人的困扰，我特意将之单独列为一卷。

2022年，世界卫生组织发布了《世界精神卫生报告》，宣称全世界约有八分之一的人口存在精神障碍，其中焦虑障碍、抑郁障碍最为常见。毫不夸张地说，精神卫生障碍已经成为全球性挑战，而不仅仅是我们身边亲友的个案。特别是年轻群体，在压力山大的竞争环境中，感觉不公平，心生怨愤，就容易在不知不觉中陷入精神卫生的泥沼，用养生家的话说："情志内伤，始之于气。"

情志，是中医学中的专有名词，是"七情五志"的统称。七情指的是喜、怒、忧、思、悲、恐、惊，五志指的是喜、怒、思、忧、恐。七情、五志并无本质不同，较之于现代心理学所谓的"情绪"，也没有什么大的区别。我对《黄帝内经》的情志相胜理论很有兴趣。我觉得我们可以借鉴这个理论，通过自我调控，用于自我养生。

中医常说，情志致病，皆为内伤。情志既有生理基础、医学基础，也有社会基础，如何在这些基础难以改变的情况下改变自己，预防情志致病，可能是我们每个人都要三思的事。

五、顺应四时：天凉如水，珍重加衣

卷五"顺应四时"是我们亲友聚会时常听到的"不时不食"的理论源头。中国位于东亚大陆，属于北温带，气候温和，四季分明，古人在日复一日的昼出夜伏中认识到春生、夏长、秋收、冬藏的万物生长规律，也以"天人合一"的思维方式，演绎出法于阴阳、和于术数的四时养生之道。

四时养生是古人顺时养生观念的延续，是古人观测天象认识物候的成果，希望世人从自身脏腑气血的体质状况出发，适应春夏秋冬的四时阴阳变化，合理安排睡眠饮食起居作息，防未病，延岁月。虽说空调改变了人类对寒暑的感受，但顺应四时，加衣减衣，内存正气，外防风邪的四时养生观念并不过时。

六、燕闲清赏：不是无所事事，不是玩物丧志

卷六"燕闲清赏"的题目，借鉴于《遵生八笺》。燕闲清赏有益于调摄情志，有利于防止焦虑、抑郁症状的出现。"燕闲"就是像燕子一样悠闲，或者像宴饮一样安乐；"清赏"就是优雅可赏的景致，清雅可玩的器物。燕闲清赏，就是闲暇之余观景赏物，愉悦身心。"闲"不是无所事事，"赏"不是玩物丧志。遍考钟鼎卣彝，书画法帖，窑玉古玩，文房器具，或者焚香鼓琴，栽花种竹，用助清欢，图的是一个"乐"字，图的是身无牵臂之役，心无驰猎之劳，顺时安处，养性悦心。

七、眠食起居：未必知其理，但知行其事

卷七"眠食起居"是寻常百姓未必知其理，但知行其事的日常养生。民谚"一夜吃头猪，不如一觉呼"，就是眠食起居的养生智慧。这种智慧是经验的传承。虽然"喝稀饭没营养"的现代营养学说冲击了眠食起居的古老经验，饮食男女还是在不断询问：如何眠食起居方能延年益寿？

我在本卷中写作的九篇小文，是孔子、苏东坡、曾国藩等人的日常生活，有的传至近代，还被齐白石先生画出了传世之作。传奇、有趣，不是我讲述眠食起居的出发点。现代生活充斥着摩天大楼、外卖盒饭，动辄跨省市通勤上班的打工人，加上睡眠不足

的学生，才是我谈论眠食起居的背景。我希望向上的人们，匆忙赶路的时候，不要颠覆眠食起居的生活规律，忘了我们为什么要出发。

八、导引吐纳：但凭一己之力就能养生祛病的"祖上遗产"

卷八"导引吐纳"是道家先行一步的养生方法，后来儒、释、医都为我所用。比如说静坐，固然有儒释道医存心养性、明心见性、修心念性、调心合性的不同取向，但涵养天机、形神兼养的追求大体相同。我们今天熟悉的太极拳、五禽戏、八段锦、易筋经都是导引服气的方式。

服气，是我们生活中的常用语。小孩子吵架，动不动问你：服不服？服不服气？你敢不服气？很少有人知道，"服气"早在道家流行的唐朝就是一个流行的养生词汇。有的道家著作甚至会说，服气就是一边吸入气，一边让自己也化为气。我们在《西游记》《封神演义》中看到神仙、妖怪，紧急时候都会化成一道金光，或者化为一道烟溜走，就是因为它们修炼"服气"的时候，服光化为光，服六气化为六气，服元气化为元气。

实际上，服气是"引体服气""导引吐纳"之类导引术的一个类别。导，就是导气，导气令和，导出胸中瘀滞的湿气。引，就是引体，引体令柔，活动筋骨，运动关节。导引术，是一种通过呼吸吐纳、活动身体，达到兼修身心、防病于未然的养生方法。扁鹊华佗、苏轼苏辙、康熙乾隆，无不练习导引术，以求形神兼备、形神兼养、形神合一的长寿人生。

《黄帝内经》所载导引、行气、乔摩、灸熨、刺焫、饮药等防病医病的方法之中，导引是唯一无须外力介入，但凭一己之力就能养生祛病的"祖上遗产"。

历代医家、仙家、道家、养生家、武术家口中的导引，在不同时期不同场景，其内涵不尽相同，但大体上也就是运动、呼吸、意念三个要素。引申开来，还可以说成三调三炼。三调，就是调身、调息、调心。三炼，就是炼形、炼气、炼神。

有兴趣的读者，不妨留意城市公园里的晨练，看看练习太极拳、八段锦的人们，观察他们的举手投足，你会惊觉，古老的导引养生似乎并不那么令人费解。

九、祛病延年：我命由我不由天

卷九"祛病延年"中的"祛病"常用于祝福。明代一位经历过科举之累的养生家说："生身以养寿为先，养身以却病为急。"呼吁人们不要怠慢健康，活着要以长寿为最重要的事，养生要以祛病为最紧要的事。

孔子说五十知天命。何谓知天命之人？道教养生家认为，知天命者，不是简单地相信"我命由天"，而是相信"昧用者夭，善用者延"，相信"人之所生，神依于形，形依于气，气存则荣，气败则灭，形气相依，全在摄养"。用今天的话说，人到五十，还不知道养生，形无所依，神无所主，以至于半道崩殂，就是不知天命。

如果你漫步大小城市，偶尔可见"艾灸"的广告牌霓虹闪烁，二十几岁的年轻人见五十岁的人趋之若鹜，可能会觉得好笑。我本人无此爱好，却在这本小书中将本属于导引的艾灸归于此卷，意在提示读者"养气以保神，气清则神爽；运体以却病，体活则病离"。

十、传统养生文化与现代医学知识的差异

于我而言，理解养生是一个相当漫长的过程。今天，天人相应，动静相宜，未病先养，形神共养已是我烂熟于胸的养生法则，然而寥寥十六字入耳入心却非一日之功。

熟悉西方医学、精通生物化学的读者，有时可能会觉得诧异，传统养生文化对身体的理解与西方科学的差异不是一星半点儿。譬如，西医的身体就是我们的肉体，而中医的身体除了形体，还有精神，形神兼备。扩而言之，还是形神志气的组合。

我们所说的五脏六腑，与现代解剖学所说的器官完全不是一回事。至于养生就是养气、养精、养神，也无法用西医学知识予以解释。针灸是古人根据腧穴理论对身体知识的认识、理解、应用，我们很难用现代解剖学知识理解经络与穴位。

起初，我对传统养生文化与现代医学知识的差异也觉得如堕云雾。好在我喜欢老庄、孔孟、李杜、欧苏等人的养生故事，以至于

我在既有的科学知识与未知的养生知识的隔阂中，发现了很多乐趣。进而，我发现，与其用理性科学传统看养生，不如用博物学传统看养生。

十一、我不是中医学者，亦非养生家

书中所录人物，按时间线来看，以李鸿章最为年轻。之所以不再收录李鸿章之后的养生者及其主张，是因为我想在现代医学到来之前立即刹车，以免陷入"中医好还是西医好"的比较。

我不是一位中医学者，也不是职业医生，更非养生家，我只是一个爱读古籍的读书人。我也没有想过写本医学书。对我来说，这就是一本以养生为主题的读书笔记，从老庄到曾李，我把现代读书人熟悉的古代读书人，在他们的书稿中，特别是家书中零零散散的养生话语寻章摘句，选择对现代人可能有启发的言论涵泳品评，以飨读者。

九九归一，九九八十一，出于中国文化趣味的考量，我将原本百余篇文章删改成八十一篇。很遗憾，一些有趣的文章就此被我删除了，比如"家庭是最好的养生乐地""养生不是富人的专利""中年养生"……

我将老子、庄子、孔子、孟子、苏轼、欧阳修、曾国藩、李鸿章的养生心得写成一篇篇札记，并非因为我有什么独特见解，或有超越前人的一家之言。我信笔由缰，用牛顿的话说，就是一个海边拾贝的孩子，只管将我觉得好看有用的养生"贝壳"集合在这本小书中，博诸君一笑罢了。若您在一笑之余，还能若有所思，于我，则幸莫大焉。

目录

卷一　贵生遵生　　　001

卷二　修身养性　　　027

卷三　形神共养　　　057

卷四　情志调摄　　　091

卷五　顺应四时　　　121

卷六　燕闲清赏　　　149

卷七　眠食起居　　　177

卷八　导引吐纳　　　201

卷九　祛病延年　　　231

后记　　　　　　　　263

卷一

贵生遵生

人命至重,有贵千金

孙思邈是隋唐时代的医药家、养生学家,人称"药王"。孙思邈享年一百四十一岁的说法应该不可信,但他推崇养生,劝喻贵生的说法我们不可不信。

孙思邈是今陕西铜川人,《旧唐书》说他出生于541年,从小就是一个神童。

从神童到"药王"的人生转变,在于自小多病。孙思邈"幼遭风冷,屡造医门,汤药之资,罄尽家产",多次登门求医,昂贵的医药费耗尽了家产。

自十八岁始,孙思邈开始行医,济益亲邻有病之人。孙思邈一生修行终南,退隐五台,潜心医药,无意仕途。隋炀帝的父亲曾邀他担任国子博士,孙思邈坚持不就,远离官场功名。没想到,年过八十,还应唐太宗李世民之召入京,唐太宗见其容貌、步态如少年,感慨世间果有值得尊敬的有道之人。

后人称孙思邈为孙真人,是因为唐太宗封他为"真人",夸他是修真得道的成仙之人,还为他写了一首《孙真人赞》,曰"名魁大医……百代之师"。

他写了两部"中国古代的医学百科全书",一为《千金要方》,

二为《千金翼方》，上承汉魏，下接宋元。

今天可能鲜有人知道，这两部书为何均以"千金"为名，孙思邈自己的解释是"人命至重，有贵千金"。他的《卫生歌》开篇第一句，就是"天地之间人为贵"，告诫世人，人生五福寿为最。此言不虚，"五福"是《尚书》中的说法，"一曰寿；二曰富；三曰康宁；四曰攸好德；五曰考终命"。意即：长寿；富贵；体健心宁；喜好美德；尽享天年，无疾而终。排在最前面的正是"寿"。

欧阳修主编的《新唐书·隐逸》中，有一段孙思邈回答卢照邻"养生之要"的话，耐人寻味。

卢照邻，初唐四杰之一，四十多岁时不堪疾病折磨投水自杀。

卢照邻去世前，遇见孙思邈，拜他为师，请教"养性之要"。孙思邈答曰："天有盈虚，人有屯危，不自慎，不能济也。故养性必先知自慎也。"就是说，天道有盈满亏缺，人有疾病危难，一个人若不能谨慎地对待养生这样的大事，何谈治愈疾病呢？所以，研究养生之道，首先要懂得"自慎"！

孙思邈接着说："慎以畏为本。"敬畏之心是"自慎"的根本，一个对养生没有敬畏之心的人又谈什么养生之要呢？

贵生重己，养生首义

秦国丞相吕不韦一生不过四十四岁，死得还很惨烈，实在不是谈论养生长寿的好榜样。但他主编的《吕氏春秋》却一再提示今人"贵生""重己"为养生首义，为我们留下了宝贵的养生思想。

吕不韦之死，是史书中记载的一段令人感慨万千的故事。生意人吕不韦，看到秦王庶出的孙子异人在赵国当人质，生活困窘，认为异人奇货可居。他问父亲：耕田可获利几倍呢？父亲说：十倍。他又问：贩卖珠玉，获利几倍呢？父亲说：百倍。他接着又问：立一个国家的君主，可获利几倍呢？父亲说：无数。于是，吕不韦将异人当作一件奇货，扶持他为秦国国君，最终拜相封侯，封的不是"万户侯"，而是"十万户侯"。岂知，异人之子嬴政继位之后，看他食客三千，恐他叛变，逼迫他饮鸩自杀。

吕不韦虽死，但他聚集食客汇集而成的《吕氏春秋》却留存至今，其于"本生""重己""贵生""尽数""达郁"等篇谈到的养生观念，我们今天读起来仍觉亲切、真切、可信赖。《吕氏春秋》谈到"贵生"时，开篇第一句，就是"圣人深虑天下，莫贵于生"。圣人深思熟虑的天下大事，没有任何一件比珍惜生命更宝贵。依其所见，当世之人，不知轻重的糊涂人多。我的生命为我所有，论其贵贱,纵为天子,也不能与我的命相提并论。对命来说,做天子不换,做首富也不换。这就是养生者常说的"贵生"。

"贵生"必"重己"。以生命为贵,必须重视自己,就要珍爱身体爱惜生命。《吕氏春秋》举了一个例子:尧想把天下让给一个叫"子州支父"的人。这个人说:虽然我可以做天子,但我有幽忧之病,正准备治病,没时间考虑天下大事。

《吕氏春秋》中说,"贵生""重己"之人,重生轻物,重视生命藐视外物,懂得养生的人,能终其天年而不衰,是因为他们重生轻物,对于外物"利于性则取之,害于性则舍之"。如,出入乘车,以代步履,但可伤筋软骨;肥肉厚酒,适口丰体,但可壅滞肠胃;过恋美色,陶醉淫乐,但耗散肾精。

《吕氏春秋》还说,"贵生""重己"懂养生的人,做事适度,热爱运动。

一来,懂养生的人不住大房,不筑高台,饮食不求丰盛,衣服不求过暖,这样能保持阴阳适度,脉理通畅,方可享长寿之福。

二来,懂养生的人,在乎形体运动。《吕氏春秋》说:"流水不腐,户枢不蠹,动也。"为生命在于运动的现代养生观念留下了一句脍炙人口的古代格言。只有形体像流水那样川流不息,像门上转轴一样转动不已,精气才能贯彻全身。运动一定要坚持,"非老不休,非疾不息,非死不舍"。

养怡之福,可得永年

在一千八百余年前的东汉,享年六十六岁的曹操绝对算得上长寿之人。看曹操的传世名作《龟虽寿》,可知曹操是个贵生之人,推崇养生,相信养生。

207年,曹操率师北伐,消灭袁绍余党,平定乌桓叛乱,班师回朝,自北而南,途经碣石,横槊赋诗,写了一组《步出夏门行》。

两年前,曹操大败袁绍致其呕血而死,眼下南征荆吴,直逼孙刘,抚今追昔,五十三岁的曹操感慨系之:

神龟虽寿,犹有竟时;
腾蛇乘雾,终为土灰。
老骥伏枥,志在千里;
烈士暮年,壮心不已。
盈缩之期,不但在天;
养怡之福,可得永年。
幸甚至哉,歌以咏志。

曹操说,神龟的寿命再长,也有终结之日;腾蛇虽然能够腾云乘雾，也会化为灰土。如果仅仅看这两句十六个字，我们会奇怪：五十三岁的曹操为什么要说这样的话？难道他要像他的儿子曹丕那样感慨人生苦短，及时行乐吗？不是的。曹操这是铺垫，他真正要说的是"老骥伏枥，志在千里；烈士暮年，壮心不已"。

读到这里，我们不会觉得曹操写出这样的诗句，有什么惊天地泣鬼神之处，因为他是曹操。如果这首诗到这里就为止了，我们会觉得它是一首好诗，但是不会把它和养生放在一起说。

也许，在曹操那个年代，他的同时代人看到这样的诗会不以为然，在一个皇帝平均寿命不足三十岁的年代，你为什么敢说出如此豪迈的话？曹操就是曹操，他说"盈缩之期，不但在天；养怡之福，可得永年"。你们不要觉得我年纪大了，人的寿命长短，并不仅仅由上天决定，只要我们能够调养好我们的身心，就可以延年益寿。

曹操写完《龟虽寿》，又活了十三年。一个殚精竭虑、半生戎马的老人，能活这么久，是相当了不起的。以后封他为魏武帝的儿子曹丕只活了四十岁。相对于曹操，曹丕的生活条件优越得多，养生条件好得多。然而，曹丕不注意养生。他写过一首著名的《芙蓉池作》，说的是夜宴芙蓉池，终夜不知疲的及时行乐。

曹操则不同，他身边聚集了华佗、左慈、甘始等当时著名的养生家，听取他们的养生建议，懂自慎，知敬畏。

我命在我不在天

高濂说,日常作息调理这样的养形功夫,需要"习以成性",一旦习惯成自然,"虽无药饵,亦可长年",反之,"纵有金丹,寿亦不永"。

四百年前,浙江杭州,一位出身名门、富甲一方、捐钱买官的父亲,晚年得子,且是独子,大喜过望,自此为儿子筑室藏书,望儿子读书中进士,扬名声,显父母。没想到,等到远在京城的儿子接到自己的讣闻,踏上南归之路,他也没有等到儿子高中科举,一日看尽长安花的高光时刻。

这位父亲没有想到,儿子从此再未北上京城,重燃再耀门庭的希望。相反,他叹一声"功名误我",建别墅于西湖苏堤,雅聚名士,研读医书,创作戏剧,钻研养生,最终以一部《遵生八笺》进入《四库全书》,成为今日学者的研究对象。最终,让四百年后的我们还知道其父姓甚名谁,其祖上曾经何等富贵。

这个"儿子"就是文章开头提到的高濂。他的《遵生八笺》是他自幼多病,屡试不第,守望遗产,生活优越,反思人生的产物。

高濂幼年体弱,有眼病,常有忧生之嗟,担心自己活不长。年轻时力不从心,忙于科举,为父亲的期待所累。晚年悟得生命真谛，惜生、遵生，感叹生命之可贵。他对如何悠然自得地度过这一生的求索探寻，是他留给世间的遗产，也是他的自问自答。

《遵生八笺》中的"遵生"，就是尊重生命。"八笺"，就是八章的意思。"遵生"一词，出自《庄子》。《庄子》曰："能尊生者，虽贵富不以养伤身，虽贫贱不以利累形。"晓谕世人，一个尊重生命的人，再富再贵都不会因为过分养生伤害身体，再贫再贱都不会因为名利而累坏身体。《遵生八笺》说的虽是养生长寿之道，却处处透着性情与审美，对后世《闲情偶寄》等书启发甚大。

高濂说，我们是天地父母生的，不"遵生"，就是"轻生"，"轻生"的人是天地父母的罪人，生而为人，无论富贵贫贱，都要遵生，都要知足常乐，自得其乐，顺应自然，养生保命。

高濂说："不知五脏六腑之精，所当珍惜，以养吾形；六欲七情之伤，所当远避，以安吾体。"

据说宋美龄对《遵生八笺》推崇备至，不知道是何缘由。我喜欢这本书，还因为高濂厚道而诚实，没有大话，"惟取实用，无事异常"。他相信善养生者养其形，养形功夫的主旨是形体之安，着眼于五脏六腑的形器巧养与六欲七情的日常调节，反复强调行气调息，妙合形神；闲赏逸游，怡养心神；养形防疾，经营生活，则能长寿，如他书中的话说"我命在我，不在于天，昧用者夭，善用者延"。

历代养生家多人说过"我命在我不在天"，所表达的内涵大相径庭，今人重提旧话，应当知其流变，择其善者而从之。

第一个说"我命在我不在天"的人，可能是晋代道教理论家葛洪，他在《抱朴子》中说"我命在我不在天，还丹成金亿万年"。"还丹成金"说的是一个炼制丹药的过程。古人眼中的"丹砂"是现代化学中的红色硫化汞，将之与铅、硫黄等原料，在炼丹炉中烧炼成黄色药金，就叫"还丹"，炼制出的成品叫"金丹"。葛洪认为服食"金丹"可以成仙不老不死。

"我命在我不在天"是道教教义，是道教徒的信仰，是他们向死亡宣战的誓言，是他们追求永生的梦想。道教认为我们的生命与天地一样，是自然之气所化生。如果我们能够秉承造化之理，以"天道自然，人道自己"的视角看待自然与社会，相信"我命在我，不属天地，性命由己，操之在我"，就可以"重铸阴阳，再造乾坤，贵人贵身，逆修成仙，超越有限，达至永生"。

葛洪之后百年左右，另一位道教学者、炼丹家陶弘景在《养性延命录》中再次说"我命在我不在天"。陶弘景感叹"愚人"不知"我命在我不在天"，之所以遭遇百病风邪，皆由恣意极情，不知自惜，导致身体受损虚弱，譬如枯朽之木，遇风即折；将崩之岸，遇水垮塌。一个人即便不能服食丹药，但知爱惜精神节制欲望，也可以活上一两百岁。在他看来，人生而命有长短者，非自然也，很多人不终其寿，都是因为违背养生之道，戕害形神。

陶弘景之后，像高濂一样喜谈"我命在我不在天"的读书人越来越多，无论是儒家、医家，还是佛家，真正想说的不是修仙不死，而是明知"修短随化，终期于尽"，也不消极地悲叹"生死有命"，而是秉承"我命在我"的养生观念，贵生，遵生，卫生，摄生，尽可能活得长，活得有品质、有美感。

有人问我，高濂本人寿数几何？学界一直在争议他的生卒年份，有人说他享年七十五岁，有人说他六十四岁，有人说既非七十五岁又非六十四岁，实际如何，我也不知道答案。我只能从他的文字推知，大隐于市的高濂像他所说的"尘外隐士"，生命质量很高，活得自由、娴静而快乐。

我命在我不在仙

泰山封禅是汉武帝养生的独特方式，平民百姓自然无法望其项背，然而一代雄主最终还是寻仙梦灭，纵然年届古稀，依然败于"自然之道"。

汉武帝刘彻，十六岁登基，在位五十四年，一生八次封禅泰山。第一次诏令天下封禅泰山时已经四十七岁了。在此之前，他早就想封禅泰山了，可是，他的奶奶皇太后信奉黄老之术，政治上"无为而治"，反对封禅，反对封禅背后的儒家治国方略。他胳膊扭不过大腿，只好等奶奶过世才敢兴师动众举行封禅典礼。

当年农历三月春寒料峭，泰山草木未生，武帝东上泰山，命人刻石于泰山之巅，而后东巡海上，礼祠八神，寻觅仙人。过了一个月左右，武帝返回泰山，与群臣讨论如何封禅。最近一次封禅是秦始皇所为，说是"最近"，也是百年前的往事。何况封禅仪式始终秘而不宣，吵吵嚷嚷的儒生们也说不出个所以然。于是，武帝亲自制定礼仪。武帝在泰山脚下埋玉牒书，而后仅仅带着霍去病十几岁的儿子一人随从登顶，住了一宿，封祀礼仪秘而不宣，具体细节无人知晓。第二天，武帝下山降禅于山下小丘，接受群臣朝拜，颁布诏书，宣称封禅告成，大赦天下。

封禅，一为"封"，二为"禅"。封为祭天，禅为祭地：封就是皇帝在泰山之巅筑坛祭天报答天助之功，禅就是皇帝在泰山脚下锄地祭地报答地助之功。

汉武帝说自己封禅，学的是黄帝。黄帝率先封禅泰山，不过是传说而已，实际上汉武帝学的是秦始皇。秦始皇是史书记载的第一个封禅泰山的皇帝，他封禅的目的可谓公私兼顾，既有炫耀始皇帝文治武功的意味，又有泰山最高，与天最近，可以求仙，可以长生的追求。秦始皇"坑儒"的源头，据称是两个替始皇帝求奇芝仙药的术士，因为求不到长生不死的仙药，害怕问责跑路了。秦始皇勃然大怒，派御史查问咸阳"诸生"，传相引告，最后定了四百六十多人的罪，坑杀于咸阳。

汉武帝封禅与秦始皇封禅如出一辙，除却复古更化、独尊儒术的政治改革，就是封禅求仙，以诚意感动仙人祈求不死之药。

汉武帝年轻的时候，迷迷糊糊地信了一个方士李少君。李少君对汉武帝说，把丹砂炼成黄金，把黄金打造成饮食器皿、杯盘碗碟可以增添寿命，寿命增添了就能在海中蓬莱仙岛见到仙人，见到仙人再搞封禅，就会寿比南山不老松，像黄帝那样，永远不死。等汉武帝祭祀黄帝陵的时候，他也发出过疑问：不是说黄帝不死成仙了吗？怎么会有陵墓？答曰：衣冠冢，真人早已升天。后来，李少君也死了，汉武帝固执地认为他羽化登仙了。

司马迁说，虽然汉武帝始终没发现仙人足迹，也厌倦方士们的鬼神言论，也杀过揭破面纱的方士，但是禁不住长生不死的诱惑，心怀一丝丝渺茫的希望。封禅之余，汉武帝还要巡游海上，率臣民于海边，翘首远望，盼有仙人自蓬莱仙山腾云驾雾而来，授之以不死之药。

然而，汉武帝最终没有等到仙人驾临，他在七十岁那年驾崩，是西汉十四个皇帝中的长寿之君，远高于西汉诸帝平均三十八岁的寿命，究其原因，民间说法甚多。其中，现代人宁可信其有的是汉武帝的睡眠。传说中，汉武帝巡游途中，遇一鹤发童颜的老者，声如洪钟，年过百岁，问其秘诀，答以"药枕"睡觉，温和气血，舒心畅神，治病祛邪。此外，汉武帝还有"五不睡"：露天不睡，有风吹头不睡，张灯不睡，脚凉不睡，床头朝北不睡。

遗憾的是，我遍查典籍，没有发现睡眠养生的出处，人姑妄言之，我姑妄信之。

未老先养

出名要趁早,养生也要趁早。北宋理学家程颐晚年与学生谈到养生的时候,就曾恳切地表示,年老养生,勤亦乏功。人到晚年才开始养生,再怎么勤快都不如年轻时养生效果好。

程颐是北宋著名理学家,中国哲学史上赫赫有名的人物,只是在当今世俗世界中缺乏知名度。他有一个著名的老师叫周敦颐,写《爱莲说》的,我们小时候都学过。他还有一个著名的哥哥叫程颢,两兄弟同为理学家,世称"二程",在中国哲学史上的地位,可能比苏轼、苏辙在中国文学史上的地位还要高。

所谓"程朱理学"就是以他们兄弟俩与朱熹的姓氏命名的。

我们熟悉的程门立雪的故事也是以程颐的姓氏命名的,学生立在屋内等他静坐结束立到积雪盈尺,立的就是他家。七十二岁那年,他与学生聊天,感慨养生要趁早的益处。

他说他天生元气不足,身体虚弱,所以很早就坚持养生,到三十岁的时候,身体逐渐变得强壮起来,四五十岁以后精气神日益完备,如今精力和年轻的时候相比也差不了多少。他还说:"人待老而求保生,是犹贫而后蓄积,虽勤亦无补矣。"意即,年轻时不注意养生,等到年老体衰百病缠身,再去保健养生,为时已晚。这就像富有的时候不存钱，等到钱财耗尽一贫如洗才开始积蓄钱财，纵然千方百计勤勉不休也于事无补。

程颐喜欢说"天理""耻辱"这样的词，谈养生也不例外。他对学生说，一个人不爱惜自己的身体，只知疯狂地满足自己的欲望，是可耻的。

程颐的学生把他劝勉大家未老先养、养生趁早的话记录在《二程遗书》中，提醒有抱负的年轻人，不爱惜自己的身体，就做不了长远的打算，不能养生，做人都很难，还谈什么做圣贤，谈什么为天地立心，为万世开太平？

中年修理，再振元气

人到中年，不论男女皆须按下暂停键，重视养生，大为修理一番，再振元气，再振根基，是明代杰出医家张景岳对中年人的忠告。

张景岳是今浙江绍兴人，中医温补学派的代表人物，时人将他与汉代名医张仲景相提并论，有"仲景之后，千古一人"的美誉。

张景岳从医既有家学渊源，又有不得已。他的父亲是一个大将军家的门客，素晓医理。近水楼台先得月，张景岳耳濡目染，自幼学医，研读《黄帝内经》。少年时，父亲北上京畿，机缘巧合，他有幸师从名医，学有所成，深得要领。

然而，张景岳志不在医。张家先祖以军功立世，性格豪迈的张景岳总想着沙场秋点兵，博他个封妻荫子，所以，壮岁从戎，参军幕府。俗话说，有心栽花花不开，无心插柳柳成荫。尽管他踌躇满志，壮怀激烈，策马扬鞭，走到鸭绿江边，多年戎马，到头来"三十功名尘与土"。亲已老，家仍贫，功名壮志消磨殆尽，终于于五十七岁那年，解甲归田，隐于故里，潜心医道。

上天给了他二十余年的时光，让他临床诊疗、著书立说，成一代名医，垂名后世。

后代养生家颇为关注他"中年求复，再振元气"的中年养生观。理解这八个字，需要理解自古以来人们挂在嘴边的"元气"究竟是什么。

元气，是形成自然万物的原始之气，是天地万物的本源，也是人的本源。我们人体的元气犹如草木的根，根亡则茎叶枯萎。

元气的生成，禀受于父母赋予的先天之气、水谷所化的后天之气。先天元气根源于肾，元气的盛衰决定于先天之气，也受益于脾胃强弱的后天之气。后天之气得先天之气则生生不息，先天之气得后天之气则化化无穷。

一个人肾气沛然，脾运渐旺，先天后天互相借力，则元气饱满，生化无穷，全身脏腑协调有序，生命状态勃勃有生机。

然而，无论先天之气有多强，后天之气有多好，凡人都无法逃脱生、长、壮、老、已的生命规律，都避不开衰老的不请自来。

《黄帝内经》说，人到四十，起居开始衰落；人到五十，则耳目不聪。说的是一般规律，通常情况，大众水平。

人到中年，如果善于培养自身元气，是一个元气流行的人，就能超越大众，延缓衰老，得享高寿。反之，一个先天肾精不足，后天脾胃功能又不好的人，必然元气不足，容易早衰。

张景岳相信寿命受制于天，是为"天年"，但他同时相信很多人不能尽享天年，是因为他们忽视后天调摄养生，不懂得"后天之养，其为在人"的道理，可能忘记中年之后元气的呵护。

张景岳全面系统地注释过《黄帝内经》，对于书中所说女子从三十五岁开始、男子从四十岁开始衰退的现象，深以为然。《黄帝内经》说:"女子……五七,阳明脉衰,面始焦,发始堕。六七,三阳脉衰于上,面皆焦,发始白……丈夫……五八,肾气衰,发堕齿槁。六八,阳气衰竭于上,面焦,发鬓颁白。"

张景岳由此提出中年时期预防早衰、调理养生的必要性,在他所著《景岳全书》中建议时人:"中年左右,当大为修理一番,则再振根基。"

在他看来,中年是由盛转衰的特殊时期,正在悄无声息地告别人生的黄金时期,若要减缓衰老的速度,尽享天年,就不能忘记"中年修理"的必要性。

人到中年,怎么修理呢?张景岳指明的方向是保护"脾胃"这个后天之本。保护脾胃,就要慎劳倦、节饮食。

上获千余岁，下可数百年

一个尊奉养生长寿之道的人，却早早离世，成为夭寿之人，无论如何都是一件憾事。嵇康就是这样一位让人引以为憾的人。

嵇康是三国时期曹魏人氏，是史上著名的竹林七贤的精神领袖，是曹操的曾孙女婿。嵇康虽然被后人称为思想家、音乐家、文学家，其传世作品却只有两篇，一为《广陵散》，二为《养生论》。

嵇康年幼丧父，由母兄抚养成人，虽然不修边幅，但容止出众，气宇轩昂。嵇康是皇亲国戚，官拜郎中、大夫，并无仕途进取之心。彼时欲取曹家而代之的大将军司马昭礼聘他为幕府属官，他东躲西藏，非暴力不合作，以至于被指"司马昭之心路人皆知"的司马昭记恨于心。

嵇康拒绝出仕，倒不完全是因为曹魏外戚身份引致的艰难处境，他自幼崇尚老庄，越名教而任自然，寻求养生服食之道，渴望成为隐士达人。

三十岁那年，他写出《养生论》，上来就说世上有不死的神仙。只不过，神仙受之异气，秉持自然，靠的是先天的天地造化特异功能，而非后天的人为勤学苦练。对普通人来说，聊以自慰的是，只要导引养生得法，"上获千余岁，下可数百年"，是可以期待的。世上之所以没有多达千余岁，少则数百岁的人，是因为世人不精通养生。

一个精通养生的人，在嵇康眼中，起码要明白三点。

第一点，形神兼养，尤重养神。因为"形恃神以立，神须形以存"，养生达人必须"修性以保神，安心以全身"。养神的重要性，在我们的日常生活中时时可以感知。嵇康打了两个比方，生病时想出汗，吃药发汗，折腾半天也不见效，一旦心生愧疚，立马汗流浃背，大汗淋漓。人是铁饭是钢，一顿不吃饿得慌，可你生气或者忧伤，可以一连几天难以下咽，也不觉得饿。

嵇康叹息，世人不知养神，只看到五谷的作用，沉溺于声色之中，佳肴煎熬脏腑，美酒烧灼肠胃，香气腐蚀骨髓，喜怒扰乱正气，思虑损耗精神，我们的身体不是木石，哪能长久地遭受如此摧残？

第二点，见微知著，防微杜渐。嵇康怅然若失地说，那些不养生或者不懂养生的人，不知防病于未然的养生道理，忽略了疾病欲来的征兆。"亡之于微，积微成损，积损成衰，从衰得白，从白得老，从老得终"，一直糊里糊涂的，对自己因何而败而老而死，茫然无知。

第三点，持之以恒，通达明理。不通达不明理的人，就是听到了养生的方法，也做不到长寿。有些自以为是的人一听别人跟他说养生，马上就用自己已有的见识评判对方，摇摇头说不怎么样。有的人虽然仰慕养生的道理，但是疑虑重重，不愿意听从别人的指导。还有一些人毅力不够，急于求成，一年半载看不到明显的效果，就半途而废。

嵇康说，认为养生无效懒得养生倒也罢了，遗憾的是那些渴望养生，仅仅因为做不到心无旁骛而无功而返的人，片面地相信某一种方法，往往会因为思路狭窄，没有成效。

总之想养生，想静养天年的人里面一万个也没有一个人能成功，究其原因，要不就是因为做不到持之以恒，半途而返；要不就是因为做不到心无旁骛，折戟沉沙；要不就是因为偏信某一种方法，失之于全；要不就是因为思路偏狭，以小道之利自毁大业。

嵇康认为一个善养生的人应该是一个清虚静泰、少思寡欲的人，是一个知名位之伤德故忽而不营的人，知厚味之害性故弃而不顾的人。

十年后，善于养生的嵇康还是没有躲过司马昭。听闻一个与嵇康素有恩怨之人的诬陷，司马昭一怒之下，下令处死嵇康。纵有三千名太学生集体请赦，司马昭也没有改变主意。史载，刑场上，嵇康神色不变，一如平常。看看太阳的影子，觉得行刑尚早，请兄长取来自己的琴，给刽子手和围观群众弹奏了一曲《广陵散》。曲毕，从容就戮，时年四十岁。

天命有限，非养所致

吾爱吾友，吾更爱真理。养生之事，见仁见智，即便好友也会抬杠。

前面，嵇康洋洋洒洒地写了篇《养生论》，后面好友向秀表示不敢苟同，写了一篇《难养生论》。

这是魏晋时期的一段养生佳话，向秀与嵇康是"竹林七贤"中的两位，是真正的好友。向秀比嵇康小三岁，嵇康在《养生论》中倡导节欲养生法，他说善于养生者，在于"清虚静泰，少私寡欲""知名位之伤德""识厚味之害性"。鼓励养生者压抑自身的欲望，不追名利，不贪美味。他主张形神兼养，重在养神，还可以通过导引服食养生术达到长生不老。向秀反驳嵇康，认为养生之道在于顺其人生、人性、人情、人欲。

你说"节哀乐、和喜怒、适饮食、调寒暑"，这我认可，"至于绝五谷、去滋味、寡情欲、抑富贵"，恕不敢苟同。人是万物之灵，之所以异于草木、鸟兽，是因为人有"心智"。"有生则有情，称情则自然。"人要绝情，为什么要做人呢？"嗜欲"也好，"好荣恶辱，好逸恶劳"也罢，皆生于自然。至于"富贵"，也是"天地之情"，只要求之以道义，何以伤德邪？仅仅因为看到富贵之人的过失，就惧而背之，和因噎废食有何不同？

千余年后，我们似乎还能从这些古老的文字中，看到向秀批驳好友时的激昂之气。他说："人含五行而生，口思五味，目思五色，感而思室，饥而求食"，纯属"自然之理"，只要节之以礼就可以了。为什么非要"五色虽陈，目不敢视，五味虽存，口不得尝"？哪有把美女西施当成丑女嫫母，视而不见的道理呢？如果非要压抑自己的欲望，大谈寡欲无欢，致使性气受困、情志不通，反而大言不惭地说什么以平和来养生，实在是闻所未闻的糊涂话。

嵇康在《养生论》中说，如果导引养生做得好，"上获千余岁，下可数百年"。向秀说，这样的人在哪里？有谁见过吗？世间确有高寿老人，但不是养生的结果；林中也有长寿树木，特例而已，并非常态。如果性命长短取决于聪明愚笨，那么"穷理尽性"的圣人应该万寿无疆啊。事实上，尧、舜、禹、汤、周文王、周武王、周公、孔子，最多的也就活了百年，少的七十年，这难道是因为他们疏于养生吗？说到底，还是"天命有限，非物所加耳""非导养之所致"，靠养生添不了寿。

末了，向秀在《难养生论》中恳切地说，人生的快乐在于恩爱相接，天理人伦，燕婉娱心，荣华悦志，享受美食，从而宣泄五情。享受声色之娱，以达性气，是自然之理，人之所宜，尧、舜、禹在世也不会更改。纵使节欲弃欢，约己苦心的养生真的延长了一点儿寿数，像尸体那样居住在世间，和树木、石头为邻，又有什么意思呢？这就像无病而针灸，无烦而忧郁，无丧亲而吃素，无罪过而自禁，以虚无的目标求侥幸的效果，如此养生实在荒唐。如此长生不死，何乐之有？

卷二 修身养性

仁者寿

如今，德高望重的人过生日，常有亲友送"仁者寿"书法作品一幅，既有祝福人家长寿的美好寓意，又有夸奖对方品德高贵的称颂赞誉，一举两得，宾主皆欢。

在中国，赞美他人，我们可能找不到比"仁者"更好的赞美了。

"仁者寿"出自《论语·雍也》。孔子说："知者乐水，仁者乐山；知者动，仁者静；知者乐，仁者寿。"用今天的话说，聪明人的快乐，像水，活泼灵动，仁爱者的快乐，像山，俊朗、厚重、沉静；聪明人热爱知识思维活跃，仁爱者沉着冷静；聪明的人可以获得求知的乐趣，仁爱的人容易延年益寿。

《孔子家语》中记载过一个"仁者寿"的故事。两千五百多年前的一天，鲁国国君鲁哀公请教孔子：夫子啊，聪明有才智的人和仁爱厚道的人，哪种人更容易长寿呢？

孔子不是一个喜欢谈养生长寿的人，他对生死这样的人生命题很谨慎，不爱说。他的学生子路跟他请教生死的时候，他的回答是"未知生，焉知死"，我们连生都不知道，又怎么知道死呢？这次，因为鲁哀公问，他就不能不说了，一说就不可收拾，哗啦啦说了一大段，貌似答非所问，却为后人讨论长寿之道留下了殊为精彩的养生名言。

孔子没有直接回答,而是拐着弯地,先说起了死于非命的三种死法。

第一种是病杀。起居无定时、饮食无节制的人,放纵自己,不爱惜身体,给疾病以可乘之机,误了卿卿性命。

第二种是刑杀。比如以下犯上的人,受到刑罚,折了寿命。

第三种是兵杀。比如以弱犯强意气用事的人,不自量力,不计后果,死于刀兵。

这三种死于非命的人,是咎由自取。

最后,孔子说,仁人廉士则不同,他们得享长寿,是有天理的,因为他们行动有节,品行正直,合乎道义,喜怒适时,性情高尚。

简而言之,这就是"仁者寿",就是孔子关于养生的理论大纲。

养生须养浩然之气

孟子活了八十四岁。俗语有言"七十三,八十四,阎王不请自己去",与孟子八十四岁离世的背景有关。别说两千多年前,就是放在今天,孟子也是长寿之人。我们看孟子的养生智慧,不能不提我们中学时代就熟悉的名句"我善养吾浩然之气"。

于孟子,"养吾浩然之气",不但是修身养德的方法,而且是养生长寿的方法,有着鲜明的儒家圣贤的色彩,散发出"四书五经"的光彩,与道家养生殊途而同归。

孟子是思想家,做任何事之前都要问为什么、意义何在。养生也一样,我们为什么要养生?

孟子的答案掷地有声:"养性事天,修身立命。"用孟子两千多年前的原话来说,就是"存其心,养其性,所以事天也;夭寿不贰,修身以俟之,所以立命也"。你看孟子,多么积极、主动、乐观、进取。寿命长短是上天赋予我孟子的,是"天年"。"顺天者存,逆天者亡",我只管顺应天道,不做糟蹋自己的逆天之事,至于高寿还是夭折,不是我管的事,我也管不了。我只管学习知识、加强修养、充实心灵,活出"仰不愧于天,俯不怍于人"的意义感、神圣感、崇高感。

我不晓得，天底下，坐在茶室里讨论养生的人，有几个想过养生的意义是什么，养生为什么要"事天"。

和天下人一样，孟子"养生"也在乎"养身"，在乎肉身的保养。活得长当然好，但是，不敬天，不畏天，不关心人为什么要活的终极信仰，养生就没有了意义。用现在的话说，就是混吃等死行尸走肉的空心人。和天下人不一样的是，"养身"只是孟子"养生"的一项内容，是人所共知的可以不说的事。关于养生，孟子要说的是三养：养心、养性、养气。

乾隆皇帝很欣赏养心、养性的观点，很钦佩《孟子》所说的"存其心，养其性，所以事天也"，皇宫内原有一个"养心殿"，他又新修了一个"养性殿"。

相对而言，"养心""养性"偏重孟子养生的思路，而"养气"则是孟子选择的养生路径，是孟子养生的方法论，简单说，就是五个字：养浩然之气。我们对孟子的生平事迹知之甚少，没看过他的"养生日记"，如果问孟子是怎么活到八十四岁的，我们的回答只能是笼统的八个字："我善养吾浩然之气。"以道德修养达到养生长寿的目的，与孔子的"仁者寿"异曲同工。

那么，孟子所说的"浩然之气"究竟是什么？回答这个问题，首先要回答什么是"气"。

气，在古代中国，是一个说不清道不明的概念。有哲学上的气，有道家修炼的气，有医家所说的气，有生理意义上的气，即"水谷精气"，有玄理意义上的气，即"道"，有形而上的精神性的气,有形而下的物质性的气。就先秦而言,思想家们的说法也不一样,孟子说"浩然之气",荀子说"血气",管子说"精气",庄子说的"气"几乎等同于"道"。

现在,我们回到孟子说浩然之气的历史场景和具体语境。孟子有个学生叫公孙丑,他问孟子:老师啊,您擅长什么呢?孟子回答道:"我善养吾浩然之气。"学生可能有点儿茫然,不知浩然之气为何物。孟子解释道:"其为气也,至大至刚,以直养而无害,则塞于天地之间。"意思是,浩然之气无比广大、无比刚劲,如果我们懂得养育浩然之气不去损伤它,浩然之气就会充塞于天地之间。

孟子所说的浩然之气,还含有不可分离的"义"与"道"。不合道义的勇敢,会败坏我们的气质,浩然之气由何而"养"?

孟子眼中,浩然之气没有我们想象得那么神秘莫测不着边际,不管是谁,只要在日常生活中自强不息、自尊自爱、信奉道义、遵循道德,浩然之气就会不请自来。曾经,有人慕名拜访孟子,向他求证:您真的说过"人人都可以成为尧舜"吗?孟子说:是啊,我说过。来者为难地说:可是我只会吃饭,怎么可能成为尧舜呢?孟子回答道:尧舜之道,不过就是孝和悌罢了。你穿尧的衣服,说尧的话,做尧的事,你便是尧了。

当然,浩然之气的养成,不是一日之功,他说过一个揠苗助长的寓言:有个人老觉得自家的禾苗不长,索性跑到地里,一株株地拔高,累得直不起腰,回到家中说自己累坏了。他儿子跑到地里去看,禾苗已经枯萎了。所以,养浩然之气,一不能偷懒,二不能着急,只要不违反自然本性,身体力行,自然就能养出浩然之气。

回到我们所说的养生,如果你相信孟子的话,愿意慢慢养育浩然之气,就有可能在不知不觉中拿到长寿的钥匙,"归来笑撚梅花嗅,春在枝头已十分"。

温柔敦厚，淡然无为

清代名臣、苏州学者沈德潜人生七十刚开始。六十七岁中进士，七十岁授翰林院编修，逐渐官至正一品，九十七岁谢世。我一直很好奇：他的养生秘诀是什么？仅仅是基因好吗？

沈德潜幼年家贫，好学不辍，后子承父业，教书为生。四十年间，除被录庠生外，屡试落第，直到六十七岁中进士，前后落第十七次。

身为新科进士，沈德潜绝不会想到，乾隆皇帝面对一群新科进士，张口就问谁是沈德潜，一见面就表示久仰他的诗名，对宰相说沈德潜是"老名士，有诗名"，不是同辈之人可以望其项背的，惊得也在现场的江南才子袁枚目瞪口呆。杜甫说人生七十古来稀，人家沈同学，七十岁做官，曾一年升职四次。九十三岁那年，乾隆南巡，见到退休江南的沈德潜，如故友重逢，天语暖人，问他身体如何，儿孙可好，不仅赐一个孙子为举人，还加封沈德潜享受正一品待遇。

旧时文人心中的荣耀，莫不如此。沈德潜有此荣耀，固然有乾隆借沈德潜的施教观传播自己的"忠孝论"的政治因素，关键还在于沈德潜活得长。

沈德潜有何养生之道？我查阅诸多文史资料，发现一首沈德潜谈养生的诗《过金地岭记所遇》：

层峦千回折，陡下忽平坦。
泂泂松根泉，苍苍坡间藓。
藉藓挹泉流，酌取泠然善。
何来一老僧，庞眉手自撚。
问僧年几何，行将三大衍（年百四十）。
示我养生方，无为顺仰俯。
忘身并忘心，数自莫能管。
大药在偶逢，苓术肖龟犬。
服之屏营为，亦足壮关键。
熊经与鸟申，古语术空缅。
最下炼金石，伐性适自殄。
语罢超然行，忽近旋忽远。
我欲往求之，云路迷深浅。

不知这首诗作于何时，写得像一篇游记。他说，浙江天台山金地岭层峦耸翠，百折千回，起伏不定。他在翻越金地岭的时候，不经意之间遇到一片平坦开阔之地，但见此处泉水叮咚，从古松根须间旋流而出，平缓的山坡苔藓苍苍，望之养眼。沈德潜决定停下来歇歇脚，他用苔藓舀起一汪泉水，清凉可喜。不知何时，一位慈眉善目的老和尚走到自己面前，把陶醉于松泉的沈德潜拉回真实的人世。

沈德潜恭敬地问老和尚高寿，老和尚说：马上一百四十岁了。沈德潜礼貌地向前一步，问道：敢问您有何养生之道？老和尚微笑答曰：淡然无为，顺应自然，忘身，忘心，不要蝇营狗苟，不要处心积虑，上天自有安排。

至于说养生方术，老和尚说生死大药不是苦苦求来的，是偶然遇到的，茯苓之类的药物很好，熊经鸟申五禽戏也不错，炼丹服药的事千万别做，所谓金石丹药，百害而无一益。说完之后，老和尚飘然而去，忽近忽远，渐无踪迹。沈德潜想跟上去深谈一番，可惜金地岭云雾缭绕，茫茫云海无处可寻。

我怀疑沈德潜遇到的应该是一位道士，而不是和尚，只是因为当朝皇帝信佛，所以将"老道"写成了"老僧"。诗里所说无为、忘身、忘心，无一不是《道德经》的教导，沈德潜熟读《道德经》，一定明白老和尚所言。《养性延命录》中，以老子名义说道："人生大期，百年为限，……不以人事累意，……淡然无为，神气自满，以为不死之药。"

以沈德潜一生的精进、成就来看，怎么也不像一个无为之人，更非道家隐士，他对世俗成就的追求，将儒家入世精神展现得淋漓尽致。然而，读沈德潜《过金地岭记所遇》，我并不觉得不可理喻，相反，我觉得这首诗中的沈德潜，也是真实的沈德潜，以道家出世精神做儒家入世之事，在沈德潜并不矛盾。其实，唐宋以后的儒家知识分子很多都有这样的一体两面。

沈德潜的养生之道可以概括为温柔敦厚，淡然无为。

温柔敦厚，说的是沈德潜的诗学理论、性格特征，也是他的养生之道。

就诗学理论而言，沈德潜是中国诗学"格调论"的代表人物，"温柔敦厚"是沈德潜评人论诗的最高标准。

"温柔敦厚"一词，可以追溯到孔子。孔子生前盛赞《诗经》中的《关雎》"乐而不淫，哀而不伤"。《礼记》由此将"诗教"概括为"温柔敦厚"。沈德潜的"格调说"根据孔子的见解，把温柔敦厚说成诗的灵魂，希望能起到"厚人伦、明得失、昭法戒"的教育作用。

沈德潜认为温柔敦厚的诗，是有第一等襟怀抱负、第一等学问见识的诗人，写出的"第一等真诗"。任何诗人，只要你的诗作符合温柔敦厚的宗旨，风格上完全可以不拘一格。但是，你的诗"情必本于忠爱，声必极于和平"，有"婉顺幽贞"之德，既忠又孝，符合时代伦理规范，否则你就不是一个有格调的诗人，就不符合"格调说"的要求。

沈德潜的荣华富贵与此相关，皇帝欣赏温柔敦厚的格调，希望以此达到教育天下的宣传效果，沈德潜只是他教化天下的一个工具。

但沈德潜确实是一个温柔敦厚的人，一个人参加科举考试，十七次落第，六十六岁之前还不知道未来如何，居然能够哀而不伤地参加考试，你能说他不是一个温柔敦厚的人吗？

温柔敦厚是儒家修身养性的方法，也是养生之道，与道家养生观念"淡然无为"合在一起，很容易让人宠辱不惊，神气自满。

　　沈德潜七十岁开始官运亨通，寿至九十七，不可能是他生前可以预料的，但他以世人惊羡的世俗功名、百年寿辰走完自己的一生，并不会让我们觉得匪夷所思。

致寿之道，慈俭和静

影响过曾国藩的清代大学士张英，是安徽桐城人，一个德才兼备的良相，"六尺巷"说的就是他的故事。康熙年间，他本人在北京做官，桐城老家人与邻居为宅基地的归属产生争执，互不相让。官司打到县衙，家人修书一封，以十万火急之势送往京城，希望张英干预司法。张英接到求援信，当即赋诗一首，送回故乡。家人打开书信，只有四句二十八字一首诗："千里修书只为墙，让他三尺又何妨。万里长城今犹在，不见当年秦始皇。"家人茅塞顿开，退让三尺，邻家见状也让出三尺，形成了一个六尺宽的巷子，迄今已是安徽桐城的著名景点。

1701年，康熙四十年，六十五岁的张英以衰病为由请求退休。皇帝见他情辞恳切，赐宴畅春园，为他送行。张英壮年的时候就有田园之思，退休之后伏游林下，以务农力田自娱，并以人生阅历、生活经验、处世智慧，为儿孙撰写家书，谈为人处世读书养生，言辞恳切地教诲子孙："致寿之道有四，曰慈，曰俭，曰和，曰静。"

张英说，慈俭和静是切实有用的养生之理，比服药导引至少好一万倍，希望子孙作为座右铭，时时体察，必有裨益。

慈，就是慈爱之心。张英认为，"人能慈心于物"，害人之事绝对不做,即便一句有损于人的话,也不轻易说出口。推而广之,一个人,若能"戒杀生以惜物命,慎剪伐以养天和",胸中就会充盈吉祥之气,远避灾祸,"可以长龄矣"。

俭,不仅仅是节俭财物,张英告诫子孙,世上所有事,都要像老子所说的那样"以俭为宝",如此,人生方有余地。俭于饮食,可以养脾胃;俭于嗜欲,可以聚精神;俭于言语,可以养气息非;俭于交游,可以择友寡过;俭于应酬,可以养身息劳;俭于饮酒,可以清心养德;俭于思虑,可以少生烦扰。凡事省得一分,即受一分好处。天下之事,万不得已者,不过十之一二。刚开始,你以为不得不做,细算之,并非如此。经常这样想,事情自然就少了。他引用白居易之诗,谆谆教诲家人:我有一言君记取,世间自取苦人多。

名利场中人往往忧恼多于欢喜,不解以和致寿之妙。张英说,人常和乐,则心意平和,五脏安稳,就是古人所说的"养欢喜神"。他举例说,有乡下人过百岁,一位明代大学士问他养生之术,乡下人答:我们乡下人无所知,只是一生欢喜,不知忧恼。

关于静,张英说,气躁之人,举动轻佻,多不得寿。所谓静,有两层含义,一是身不过劳,不必太劳累;二是心不轻动,遇到任何忧惶喜乐之事,皆随遇而安,心凝不动。

张英对子孙们坦承,"慈俭和静"四个字不是他的原创,而是"昔人"所言。

"昔人"是谁?

很多人!

很多人信奉这四个字，只是没有像张英这样概括而言之，没有像他这样生活化。

往前看，可以追溯到老子，老子在《道德经》中说他有三宝，其中两宝，一曰"慈"，二曰"俭"。

"和"在《道德经》中，就像"道"一样通达天下，所谓"道生一，一生二，二生三，三生万物，万物负阴而抱阳，冲气以为和"。"静"是老子教导世人治愈的良方，他说"静为躁君"，他还说"致虚极，守静笃"，静就是回归本性。

从老子到张英时间长逾两千年。两千年间，我们的先人对养生、对延年益寿的看法，虽然经历了炼丹服药的弯路，但"慈俭和静"的观念一以贯之，儒释道三家概莫能外。

张英的儿子张廷玉说，父亲写给子孙的家书，他本人"终身诵之"。父亲活了七十二岁，他本人则活了八十四岁。

知足常乐，知足长寿

知足，不但常乐，而且长寿。宋代著名书法家黄庭坚有一"四休安乐法"，说的就是知足长寿。

黄庭坚是江西人的骄傲，是"苏黄米蔡"四大书法家中的"黄"。

黄庭坚自幼聪颖，记忆力惊人，二十三岁中进士，在今天的安徽宣城、湖北武汉担任过宣州、鄂州知州，参加校定过《资治通鉴》，主持编写过《神宗实录》。因为政敌弹劾他所修《神宗实录》有问题，遭贬谪，个人文集与苏东坡等人的文集一起被皇帝下令销毁，六十一岁那年在饥寒交迫中黯然长逝。

如果不是遭遇政治迫害，黄庭坚应该是一个长寿的人。黄庭坚信奉《黄帝内经》的恬淡虚无。明代高濂在《遵生八笺》中所说的"四休安乐法"，就是他的养生故事。

其实，"四休安乐法"不是黄庭坚本人提出来的，"四休居士"也不是他本人，而是他的邻居。所谓"四休安乐法"，是这位邻居的养生心得。"四休居士"姓孙名君昉，是黄庭坚住在乡下的一位邻居。孙君昉是太医出身，性格豁达，淡泊名利，晚年归隐乡间，守望三亩田园，自诩为"四休居士"。

孙君昉喜欢庭院踱步，看花赏鱼，有空的时候邀三五好友于郁郁青青的花木之中,煮茗传酒,畅谈人间可喜可笑之事,谈兴正浓时,茗寒酒冷,宾主皆忘。偶尔,黄庭坚也会于闲暇之际,穿越芳草萋萋的小径,来到这片"世外桃源",拜访这位知足常乐的邻居。

有一天,黄问孙:"何谓四休?"

孙笑着吟诵了四句诗,每句结尾一个"休"字:"粗茶淡饭饱即休,补破遮寒暖即休,三平二满过即休,不贪不妒老即休。"

"三平"指的是衣着平平常常、饭食平平常常、居住平平常常。

"二满"指的是满意于功名、满意于利禄。

黄庭坚听毕,竖起大拇指,赞叹不已。受孙的启发,黄庭坚兴之所至,作《四休居士诗》三首,请家中童仆吟唱,赠送这位了不起的邻居,供邻居与客人饮酒品茶时助兴。

其一

富贵何时润髑髅,守钱奴与拘官囚。

太医诊得人间病,安乐延年万事休。

其二

无求不着看人面,有酒可以留人嬉。

欲知四休安乐法,听取山谷老人诗。

其三

一病能恼安乐性,四病长作一生愁。

借问四休何所好，不令一点上眉头。

黄庭坚在诗的开头，写了一段序言："此安乐法也。夫少欲者不伐之家也，知足者极乐之国也。"在他眼中，邻居乃知足常乐之人，他的三亩田园就是一片世外桃源，以知足常乐之心置身其中，如在极乐之国。

今存黄庭坚《薄酒丑妇歌》书法作品，就是知足常乐、知足长寿的人生态度。黄庭坚的老师苏东坡有位好友，家贫好饮，不择酒，逢酒即醉。常常说"薄薄酒，胜茶汤。丑丑妇，胜空房"。苏东坡觉得其言虽有点儿粗俗，却近乎雅达，作诗一首，请黄庭坚和诗，希望推而广之。黄庭坚写了《薄薄酒二章》，其中几句是："薄酒可与忘忧，丑妇可与白头……薄酒一谈一笑胜茶，万里封侯不如还家。""薄酒终胜饮茶，丑妇不是无家……不如薄酒醉眠牛背上，丑妇自能搔背痒。"

不消多说，黄庭坚熟读《道德经》，笃信"知足不辱，知止不殆，可以长久"。老子说："名与身孰亲？身与货孰多？得与亡孰病？甚爱必大费，多藏必厚亡。故知足不辱，知止不殆，可以长久。"老子一张口就提了三个问题，名誉和身体相比哪一个更亲切？身体和货利相比哪一个更贵重？获得和失去相比哪一个更有害？接着告诉你，偏爱名声就会付出代价，珍藏财物就会损失巨大。所以啊，知足常乐就不会自取其辱，适可而止就不会遭遇灾害，知足知止就可以活得长久。

养德养身，只是一事

一个人，年轻时出入佛老，热衷养生，希望通过养生术强身健体，过上长生久视的神仙生活；中年时百病交攻，齿渐摇动，发渐变白，猛然醒悟，自己走了三十年的弯路，白忙了一场。换作您，作何感想？

这个人，叫王阳明，浙江余姚人，平定叛乱，总督两广，创良知之说，为暗室一炬，是后世诸多名人学习效仿的心学大师。

王阳明自己说，他八岁的时候就迷上了神仙，相信世间真有神仙。十七岁结婚当天，他在闲逛中偶遇一打坐道士，请教养生之术，两人相对静坐忘归，直到次日被岳父找回。而后，他在九华山寻仙问道，研究仙经秘旨，以为静坐是长生久视之道。当时，王阳明自拔于辞章之学、受挫于格物致知之途，思想危机接踵而至，求索"成圣之道"的路上，渐渐"沉溺"于道教养生术，以为老子、佛家即"圣人之学"，以至于修炼养生术、"出入佛老三十年"。

王阳明沉溺于佛家、老子，最直接的原因是他自幼多病，希望修炼养生术强身健体。人到中年，他发现自己修炼三十年，身体依然虚弱，齿渐摇动，头上出现了一二茎白发，目光近视仅看到一尺左右的距离。一旦生病，动不动就卧病不出一月有余，大量服药。

禅宗所谓冬日饮水，冷暖自知，由于自身经历，王阳明开始质疑神仙道术有没有或者说有没有用。

质疑多了，就变成了批评；批评多了，就变成了斥责。四十三岁那年，王阳明在南京为鸿胪卿，深刻反省自己以前"笃志二氏"，误以为静坐养生为圣人之道，警示子弟不要"好谈仙佛"。劝勉大家若是一味地以静坐、养生为入圣之道必误入歧途，悔之晚矣。他说，仙佛的静坐、养生之功原也是"高明一路"，可以教人超拔于"末俗之卑污"，自与圣学有异曲同工之妙。然而，这种静坐、养生之功若只为一己之修持，只限于一室之炼养，不与省察克治的实功和日用人伦的实事相接引，则难免流入空虚，沦为"放言高论"，正所谓毫厘之别千里之谬。

别在哪里呢？

别在"养身"与"养心"，别在"养生"与"养德"。

在王阳明看来，佛家和道家都做一样的功夫，佛家以修持功夫求了断生死、清空物欲，道家以修持功夫求长生久视，求的都是自己的解脱、安乐，自私其身，是谓小道。

儒学则不同。儒学追求的是良知。王阳明断然指出，世间学问，唯有"致良知"。王阳明对道教全真派南宗创始者张伯端的《悟真篇》的否定，可能是史上最严厉的批评。幡然醒悟前，他熟读《悟真篇》，动不动还在言谈诗文中引用几句。岂料，有一天，他痛心疾首道："《悟真篇》是误真篇，三注由来一手笺。恨杀妖魔图利益，遂令迷妄竞流传。造端难免张平叔，首祸谁诬薛紫贤。直说与君惟个字,从头去看野狐禅。"

到后来,王阳明感慨万千,说养德是"吾儒亦自有神仙之道"。他在回复弟子陆原静的信中说:得知你因为多病之故,将从事养生,回顾我的过去,走了很多弯路,吃了很多亏,最终一心一意追求圣贤之学。为什么呢?"大抵养德养身,只是一事。"

此时的王阳明已经清楚地知道,凡人追求长生之无用、成仙之不可能,尽管他还相信老子、彭祖,但认为凡人学不了,神仙天生而成,后世如白玉蟾、丘长春等人虽然被道教尊为祖师,也未真能长生成仙。至于儒家所称颂的圣人,从尧、舜、禹、汤、文、武,至周公、孔子,纵然仁民爱物之心无所不至,也没有长生不死之法。

王阳明希望自己的学生不要重蹈自己的覆辙。谈到气弱多病的养生之道,也只能按照"养德养身只是一事"的原则,清心寡欲、修道进德,以求"神住气住精住"。以他之见,道家所谓长生久视之说,无非就是养德。任何人,但有宽阔磊落之心胸、豁达远大之志向、沉稳宁静之姿态,就可以以德润体;但能外无贪而内清静,心平和而不失中正,就可以以心养身。

程门立雪，居敬养生

程门立雪的主人翁之一杨时享年八十三岁，身兼哲学家、文学家、政治家，福禄寿三全，论其养生之道，居敬养生是也。

杨时是福建人，幼读佛学，少读儒学，人称神童，二十四岁中进士。四十一岁那年，他去洛阳拜见"程朱理学"中"二程"的弟弟程颐。彼时，程颐在室内闭目静坐，不知杨时与一位同学在屋内侍立久久不曾离去。待他察觉，门外积雪之深已一尺有余。

程门立雪是一个敬重师长的典故，也是一个居敬存养的故事。杨时中进士后，历任多个司法职务，官衔中常有"司法""推官""判官"字样，又当过余杭萧山等县知县。

余杭知县任上，蔡京派风水先生在余杭为母亲寻找墓地，侵占农田，激起公愤，杨时抵制，蔡京怕宋徽宗知道，只得作罢。

七十六岁那年，杨时欲告老还乡，皇帝命他兼任正三品的荣誉职务龙图阁直学士，继续担任皇帝的侍从顾问，并赐以白银三百两，颐养天年。杨时坚持不受，请求免去故乡税租，不必给他个人非凡的生活待遇。后回到家乡，家徒四壁，生活简朴，蔬食旧屋，怡然自得。他教育儿子居敬养德、俭以养德，立下家规：三餐饭蔬，不论脆甘酸苦，能吃就行，不可挑挑拣拣；衣服鞋帽，不论布料精细,合身就行,不许喜新厌旧;房屋存身,能住就行,贵在安居乐业,而非雕梁画栋;故山田园,祖宗遗产,守住就好,不可增营地产,侵人利益。

见微知著,由杨时可知,居敬,就是收敛身心,内心敬畏,外表整齐,拒绝诱惑,涵养本心。居敬不仅是一种修身养性的方式,也是儒家养生的方式。这是因为居敬可以养气,养气可以养生。居敬还可以达观,达观可以闲放山居,怡然自得,一个达观之士,无时而不安,无处而不乐,冥然与造化为一,何患不寿?

《宋元学案》载,杨时"行年八十,志气未衰,精力少年殆不能及",不但自己造诣深远,养生有道,学问大成,儿孙也很有出息,家道兴旺,五子四孙相继中进士。

任意自适，恰好即止

北宋宰相文彦博是中国历史上颇有名望的长寿宰相，享年九十二岁，他的养生之道常被后人津津乐道为"中道养生"。

文彦博比司马光大十三岁。我们都知道司马光砸缸救人，其实宋代笔记小说当中还记载过文彦博灌水浮球。文彦博小时候与群儿击球，球入柱穴，取不出来，文彦博以水灌之，球浮出。2010年六一儿童节，中国邮政就曾发行过两枚《文彦博灌水浮球》的特种邮票。

文彦博出将入相五十载，效忠过宋仁宗、宋英宗、宋神宗、宋哲宗四朝皇帝，就是因为他长寿。年近八旬的时候，三十几岁的宋神宗问他为什么身体这么好，有何养生之道。文彦博回答道："无他。臣但能任意自适，不以外物伤和气，不敢做过当事，酌中恰好即止。"没啥养生秘诀，就是随遇而安，收放自如，自得其乐，不因为外在人事纷扰伤害内心的娴静平和之气，处理事情避免过分，不走极端，秉承中庸之道，见好就收。

文彦博这段话，很容易让人联想到庄子所说的牧羊人的养生智慧，那种"瞻前又顾后"的"不落两端"的中道智慧。《庄子·达生》中说："善养生者，若牧羊然，视其后者而鞭之。"

庄子讲了两个人的故事。

一个人叫单豹，"岩居而水饮，不与民共利"，善于养内，往内修行，追求内心的宁静与超脱。此人养生效果很好，"行年七十而犹有婴儿之色"，古稀之年还有婴儿之色，不得了。但是，落入了"瞻前不顾后"的窠臼，离群索居，万缘隔离，偏滞内养，忽略了外部环境对养生的影响，"不幸遇饿虎，饿虎杀而食之"，一不小心遇到老虎，落入虎口。

另一个人叫张毅，"高门、悬薄，无不走也"，偏执外求，汲汲于名利，劳心劳力，殚精竭虑，寝食难安，灵魂空洞，焦虑烦躁，阴阳失调，"行年四十而有内热之病以死"，四十岁就中道夭折，一命呜呼。

庄子感叹这两个人，一个"养其内而虎食其外"，另一个"养其外而病攻其内"，看上去情况有别，实际上都犯了同一个毛病："皆不鞭其后者也"，顾头不顾尾，对养生的认识过于片面，不是偏滞养神，就是偏滞养形，没有做到形神兼养，瞻形顾神。

文彦博虽是孔门儒生，在养生这件事上，兼有儒家、佛家、道家都讲的中道，这是因为人不仅是自然界的人，还是社会关系中的人，人不仅要立于天地之间，还要行走于人际之中，处理群我关系、社会关系、民族关系。文彦博当宰相的时候奉行中庸之道，主持辽宋和约，用岁币红包换来了辽宋之间几十年的和平，所以《宋史》说他名闻四夷。

四十六岁那年，文彦博被授为昭文馆大学士。一位御史弹劾文彦博，说他得到这个职务，是因为给皇帝宠爱的某位贵妃送礼。如此捕风捉影的弹劾，导致双方被皇帝各打五十大板，御史被罢职，文彦博被降职，贬出京城，外地做官。以后，文彦博官复原职，有人请求重新起用那位被免职的御史。文彦博表示同意，对皇帝说：御史弹劾大臣偶有道听途说不实的事是正常的，当年我对他的责备过分了。

文彦博对皇帝说养生之道，谈到不以外物伤和气，于将相而言，在于淡泊名利，保持内心的平和之气。文彦博这么说，大体上也是这么做的。宋仁宗无子，大病初愈后，文彦博等人建议他早立储君，仁宗从宗室中选定了英宗。英宗即位后，提起这段往事，当面致谢文彦博。文彦博严肃地纠正皇帝，说：陛下被立为太子，承继帝统，是仁宗皇帝和皇太后的意愿，我无寸功。您登基的时候我根本就不在京城，是韩宰相他们按先帝遗嘱拥立您的，我压根儿就没参与。再往后，英宗的儿子神宗，也曾重提旧事，面谢文彦博。文彦博依旧答之曰：英宗皇帝天命所在，微臣有何功劳可言？神宗恳切地回复他：虽是天命，也靠人谋，只不过你品性深厚，不宣扬自己的善德罢了。

七十七岁那年，文彦博退居洛阳，效仿白居易在洛阳创办"九老会"的雅事，拉上司马光等十一人，遵照重年龄不重官职大小的洛阳风俗，筹建了洛阳耆英会，大家饮酒赋诗，结伴出游，互相取乐。司马光还不到七十岁，觉得自己是晚生后辈，没有资格。文彦博让人把他的画像挂在聚会场所，说他品德高尚，当然有资格。

苏轼兄弟比文彦博晚了一辈，对他的评价很高。哥哥说文彦博综理庶务，虽精练少年有不如；贯穿古今，虽专门名家有不逮。弟弟说文彦博器业崇深，不言而四方自服；道德高妙，无为而庶务以成。

养心期有为，养性保无欲

普通百姓的想象中，皇帝应该是养生条件最好的人。然而，作为一个群体，皇帝们既非最长寿，亦非最懂得养生。乾隆皇帝是皇帝中出类拔萃之辈，不但善于养生，而且长寿。他是中国历史上最长寿的帝王，活到八十九岁。更为关键的是，他不仅活得长，还活得有质量，把最优的养生条件利用到了极致。

八十三岁那年，英国使团来华，一位叫马戛尔尼的使臣，在热河行宫受到乾隆皇帝的接见，看到乾隆皇帝身形矫健、精神矍铄，颇为吃惊。他在自己的日记中说，年过八旬的乾隆，看上去就像一位六旬长者，至于精神面貌、风度神采，堪比少年。

过去三十年，研究乾隆何以长寿的笔记、论文层出不穷，或言导引服气十六字诀，或言五台巡游、下江南等出游活动，或言参与冰嬉、观射、狩猎等体育活动，或言饮食保健、品茗饮茶、汤泉沐浴、避暑消夏，或言诗文创作、书法造诣、艺术收藏、佛事活动，甚至于龟龄补酒，不一而足。我以为，乾隆可能确实采用了这些养生方术，然而秘诀不在于此，在故宫养性殿仙楼佛堂的题诗里。

乾隆的长寿，用今天的科学眼光来打量，首先是基因好，其次就是善养生。乾隆养生有一个十六字口诀，就是"吐纳肺腑、活动筋骨、十常四勿、适时进补"。所谓十常四勿，指的是，齿常叩、津常咽、耳常弹、鼻常揉、睛常运、面常搓、足常摩、腹常捋、肢常伸、肛常提；食勿言、卧勿语、饮勿醉、色勿迷。

有学者怀疑这十六字口诀可能不是事实。我想，载于《黄帝内经》《千金要方》《养性延命录》等古代医书、养生书中的养生之术，都是汉代以后千年不衰的养生功法，流行于江湖庙堂，乾隆皇帝躬身力行，也不稀奇。然而，于乾隆，导引服气均是养生小技，术也，作为一个"十全"皇帝，他的养生之道很可能是"养心期有为，养性保无欲"。乾隆曾在养性殿题诗一首，其中有两句"养心期有为，养性保无欲"，日后，又改成了"养心贵有为，养性图无事"。不论怎么修改，前半句，明说"养心殿"，暗指"养心"旨在勤政有为；后半句，明说"养性殿"，暗指寡欲养生、修身养性。

八十岁那年，新年第一天，乾隆就趁着元旦的喜气，又在养性殿题诗一首，其中两句"有无为里分心性，一字总须养以全"。"有"是"养心"，"无"是"养性"，合二为"全"。

何谓"全"？

乾隆自诩"十全老人"，曾亲自写下《十全记》，记录自己一生的功绩："十功者，平准噶尔为二，定回部为一，扫金川为二，靖台湾为一，降缅甸、安南各一，即今二次受廓尔喀降，合为十。"

自老庄开始，以道家清静无为为养生理论的古代养生著作篇章中，几乎没有见到把"有为"当作养生方法的。然而，无论是我们的日常经验,还是马斯洛需求层次理论,无不将"有为"背后的自我实现作为心理健康的养生方法。

回到养心殿、养性殿的名称由来,应该出自孟子:"尽其心者,知其性也,知其性,则知天矣。存其心,养其性,所以事天也。夭寿不贰,修身以俟之,所以立命也。"意思是说,存心养性以循天命,我不管寿命长短,只管修身养性以待天命。天命的终点就是"内圣外王",就是《大学》所说的"修身、齐家、治国、平天下"。

也许,这就是乾隆所说的"一字总须养以全"的"全"。如果我们把它与乾隆的佛教信仰联系在一起,这个"全",可能就不仅仅是儒家的"全",还有佛家的"全"。1746年,乾隆三十六岁,他将自己用了十年的养心殿长春书屋改为仙楼佛堂,唐卡、佛像、法器、经书一应俱全,另有一座高度近五米的紫檀木无量寿宝塔。二十六年后,他仿照养心殿复制了一个养性殿,作为归政休养之所。乾隆二十五岁登基,因为他的爷爷康熙在位六十一年,他不能超过爷爷,必须在八十五岁退休。

乾隆礼佛是真诚的,他下江南到处拜访佛寺,到处题诗,被有的人视为附庸风雅或者走走形式。其实不然,他亲自受过藏传佛教三世国师的灌顶,灌顶时国师坐在高高的法座上,他坐在坐垫上,直到仪式结束,一直长跪不起。

卷三

形神共养

太上养神，其次养形

什么是养生？养什么？怎么养？老子的弟子文子，早就替我们回答过这个问题，只不过《文子》是本冷僻的书，我们很少有机会读到而已。

文子，不像老子，没有成为司马迁笔下的传记人物，生卒年月不详，高寿几何，我们一无所知。据学者考证，文子大概是今天的安徽亳州人，老子的道家思想之所以盛行于楚国，归功于文子的宣讲。

文子尊师，流传于世的《文子》，共计十二卷，任何一卷，开篇必是"老子曰"。唐朝皇帝推崇道教，唐明皇将文子封为"通玄真人"，《文子》也被改为《通玄真经》，与庄子、列子、庚桑子的著作并称为道教四大真经。

《文子》上承老子道学，下启黄老之学，一则治身，二则治国。这里的"治身"就是我们今天所说的养生。文子认为，人"身"，不仅仅是一具动物的"形"体，还是"神"的载体，既要有"形"，也要有"神"。也就是后世所说的"形者神之体，神者形之用，无神则形不可活，无形则神无以生"。

一个致力于养生的人，在文子看来，必须懂得"太上养神，其次养形"的顺序。"太上"就是最好。最好的养生是养神,养形倒在"其次"。

养神与养形,一个是本,一个是末。文子说:"神清意平,百节皆宁,养生之本也;肥肌肤,充腹肠,供嗜欲,养生之末也。"说的是,静心养神,神清气朗,心神清静安宁,意志平易淡泊,全身上下,无一处不舒服,才是养生之本。至于润泽皮肤、饱食肥肠之类养护形体的方法,都是细枝末节,雕虫小技。

"神"是什么?

"神"是超自然的力量。上古时代,先民们躺在条件简陋的山洞里,看风雨大作,听电闪雷鸣,深感虎啸猿啼、撕心裂魄之惊悚,内心深处一会儿敬畏,一会儿膜拜。除了掌管宇宙万物的"神灵",还有什么力量如此震撼人心?于是祭祀,于是崇拜,于是祈求保佑。

当上古先民对大自然的探索由外而内及至个人,他们开始相信自然有"神",肉身也有"神"。我们的肉身之所以不是行尸走肉,还有喜怒哀乐,是因为有"神"。就像自然之"神"掌管宇宙万物,肉身之"神"控制我们的心理、思维、意识、情绪。

不仅文子,庄子也把养神放到至高无上的位置。庄子说过一个叫广成子的得道仙翁,活了一千两百岁,"形未常衰",形体还没有衰败,秘诀就在于"养神","抱神以静,形将自正"。

《黄帝内经》中也有一个无处不在的"神",谈到"人身之神",这部医书将之分为先天之脑神、后天之脏神,先天之脑神就是"元神"。

中医认为，人有神、魂、意、魄、志五种情志活动，是谓"五志"。五志归属于五脏，由五脏之神主导，由脑神统领。因为脑神在头部，统领五脏之神主管五志，是最尊贵的神，所以脑为"元首"，又称"首脑"。

百病之始，皆本于神。如果"五志"中的任何一"志"出现异常，其所对应的"脏"就会功能失调，损伤脏肾，以至于出现情绪低落、郁郁寡欢、行动迟缓、试图自杀等抑郁症症状。

情绪低落、郁郁寡欢之类的心理表现，是"神"的功能下降，出现身体麻木、记忆衰退、倦怠无力等具体症状，则表明"神"已难以统摄"形"，由"心病"变成了"身心之病"。

所以，《黄帝内经》说"得神者昌，失神者亡"，历代医书、养生书都不厌其烦地劝我们形神兼备，形神共养。

服"药"养形，岂不痛哉

都说寿从笔端来，书法大家王羲之为什么只活了区区五十九岁？究其原因，我们不由一声长叹，他的养生之道是服药养形，而非书法养生。

353年农历三月初三，王羲之邀请谢安等四十余人，在鲁迅家乡绍兴市郊区会稽山阴的兰亭溪畔，组织了一次春游雅集。

与会者，二十六人赋诗三十七首，聚诗成集。王羲之写了一篇序文《兰亭集序》，记叙山水之美、有朋之乐，感慨人之生死、修短随化。

参加兰亭雅集的政治文化精英中，不吃五石散的宾客可能不多。这种事，今天说起来很荒唐，在当年却是高级雅事。

五石散，就是以五种石药主制的散型方剂，是一种矿石药，原本普通无奇，起于先秦，默默无闻数百年。五石散大放异彩，始自曹操继子何晏。在王羲之等魏晋名士的推波助澜下，蔚然成风，以养生保健之名风行于世。犹如现代人喝名酒，是否服食五石散往往是富贵贫贱的象征。

鲁迅认为此药有毒性，配剂中有紫石英、白石英、赤石脂、钟乳石、硫黄五石，流毒如鸦片，药性一发作，稍不留心，就会命丧黄泉，晋朝人脾气坏，傲，狂，暴烈如火，遇个苍蝇，也会肝火上蹿，拔剑死追，大约就是因为服药。

我们看东晋名士动辄赤身裸体，看王羲之东床快婿式的袒胸露乳，可能不仅仅是因为所谓的斥责礼教的"魏晋风度"，还有服食五石散身体发热，不得不脱衣散热的无奈。

我们今天所说的"散步"，就是从王羲之等人当年服用五石散发酵开来的。吃了这种奇热的药，你就必须到外面行走散热，当时叫"行散"，今天叫散步。行散之余，还须吃冷食，降低体内的温度，所以，五石散又被称为"寒食散"。

服散的确可以精神饱满，身形矫健，神明开朗，容光焕发。《世说新语》中说，曹操的儿子曹丕怀疑何晏面白如脂是用粉抹上去的，故意劝酒让他汗流满面，没想到，何郎还真不敷粉。

但每个人的个体特征不一样，有的人吃了马上身体就不好，像王羲之，就是怕热。服食五石散体内发热，夏天内外热夹攻，有的人会精神恍惚，呈现出慢性中毒的模样。王羲之在《服食帖》里对友人说：我服食已久，感觉效果"劣劣"，心里有点儿惆怅。他在与亲友往来的信件中，提及自己的病情，不是"匈中淡闷，干呕转剧，食不可强"，就是"大吐""心痛""夜来腹痛，不堪见卿"。所以，"药王"孙思邈曾呼吁世人"遇此方，即须焚之，勿久留也"。

服"药"养形，流行于魏晋时期，与当时的士大夫对人生价值的思考有关系。他们把一切当下需求和满足置于首位。他们越是一遍遍吟诵"人生非金石,岂能长寿考""人生寄一世,奄忽若飙尘",就越是希望及时行乐。你看王羲之在《兰亭集序》中就说:"死生亦大矣,岂不痛哉!"

致虚守静，少私寡欲

老子说养生，其实不是说给我们芸芸众生的。《道德经》是写给天子、诸侯、贵族们看的；老子说养生，也是说给他们听的。我们能从《道德经》中吸取养生方法，沾了贵族们的光。换个角度看，贵人养生，尤其适合读老子，读《道德经》。

司马迁说，老子姓李名耳，是周朝国家藏书管理员，专注于道的研究，不求闻达于诸侯，眼见周氏衰微，就离开都城，骑牛而去。到了函谷关，关令知他即将归隐，要求他勉力著书。老子允诺，洋洋五千言，著书上下篇，言道德之意，而后不知所终。

老子究竟活了多大岁数，为老子作传的司马迁也没说清楚，他在《史记》中不那么肯定地说，老子活了一百六十多岁，也有人说他活了两百多岁。胡适先生有疑古作风，认为老子只活了九十余岁。

其实《道德经》的作者究竟是不是老子，迄今并无定论。老子究竟是个什么人，是不是司马迁所说的国家藏书管理员，学界也有争议。所以，胡适先生的考证也未必靠谱。然而，这一切，对我们研读老子的养生思想无关紧要，因为《道德经》文本是真的。

我们为什么要养生？还不是因为我们有身体嘛！老子说：我之所以有心头大患，就在于我有身体，若吾无身，何患之有？

老子认为，养生要尊重身体本性，顺应自然。他举例说，代替专业的木匠砍木头，没有不伤到自己手的。他说："企者不立，跨者不行。"踮起脚尖想站得更高，反而站不稳；步子大想走得快，往往欲速则不达。

老子注重形神兼养，不但要养形体身体，而且要养神炼神。如何养神炼神？简而言之，八个字：致虚守静，少私寡欲。

老子说，人生就是一个从出生到死亡的自然而然的过程。人世间，长寿之人大概有十分之三，过早夭折的人也有十分之三。本来可以长寿，因为行为不当，过早死亡的也有十分之三。究其原因，都是过分养生导致的。接着，老子说："盖闻善摄生者，陆行不遇兕虎，入军不被甲兵，兕无所投其角，虎无所措其爪，兵无所容其刃。夫何故？以其无死地。"我听说，善于养生的人，行走于陆地，不会遭遇猛兽攻击，攻防于战场，不会受到武器的伤害，犀牛对他不会用角，猛虎对他无处施爪，敌兵的武器无法在他身上显露锋芒。这是为什么呢？因为善摄生者"无死地"，根本就没有死亡地带。

老子所说的"善摄生者"，不仅仅是我们所理解的善于养生的人、善于避祸求生的人，还是自觉修道的修行者。司马迁谈到老子长寿的秘密时说"修道而养寿"。何谓修道？修道不是求生，而是超越生死。生是道，死也是道，唯有超越生死，才能修道。所以，老子对养形，对肉体生命的态度相对而言是淡泊的。我们的肉身对于修道是一种障碍，是一种限制。如果我们不能越过这个障碍，不能超越肉体的限制，透过精神与道的冥合，达到"无死地"的境界,我们就难以修道,难以成为一个"善摄生"的养生人,就达不到"无死地"的养生境界,不争、不营、不私,对生命不再有"生"的执念,以身为累而外此身,一切顺其自然。

要想达到这个境界,就得有致虚守静的养生功夫。致虚守静,就是《道德经》中所说的"致虚极,守静笃",心灵之虚虚到极致,内心清静静到极致。如果我们不理解老子为什么这么说,可以接着这六个字往下看。老子接着说,万物蓬勃生长,观察其循环往复的状态,你会发现,无论万物如何茂盛,终究回归到根本。回归到根本就叫"静","静"就是回归本性。回归本性是万物变化的规律,认识到这个规律叫作"明"。不知道这个规律,轻举妄动,无比凶险。知道这个规律,就能宽容,宽容就能公正,公正就能周全,周全就能合乎自然,合乎自然就能合乎"道",合乎"道"就能长久,就能终身不殆,一生平安,没有危险。

可见,一旦你具有了致虚守静的养生功夫,再让你少私寡欲,就是水到渠成的事,就容易了。

后世帝王将相养生家,很多人喜欢说寡欲以养神,即由此而来。老子说,"圣人为腹不为目",吃饱就行,五色、五音、五味不但多余,反而有害:五色令人目盲,五音令人耳聋,五味令人口爽,驰骋畋猎令人心发狂。

老子非常厌烦贪得无厌的统治者。他说,在朝政腐败、农田凋敝、仓库空虚时,有的贵族还不知道少私寡欲,还穿着华丽的服饰,佩着利剑,吃着佳肴,搜刮民脂民膏,如此强盗行径,怎么符合"道"的要求呢？要知道，"金玉满堂，莫之能守；富贵而骄，自遗其咎"。老子说，置身富贵，应当如履薄冰才对，哪能骄横呢？无妄之灾就在不远处等着你，还养什么生？

许多年以后，晋朝大将军石崇为老子这番养生言论做了一个注脚。石崇生活奢侈，厕所修得华美绝伦，客人如厕有十多个女仆恭立侍候，客人上过厕所，女仆要侍候客人换上新衣才出去，很多客人以为误入了内室。石崇曾与晋武帝的舅父斗富。国舅兴冲冲地送来一棵珊瑚树给石崇看，石崇看后随手打碎，而后搬出家里的珊瑚树，任何一棵都显得更高、更大、更美。石崇富甲天下却不知道"富贵而骄，自遗其咎"的道理，导致母兄、妻妾、儿女全部被杀，衙役问他，为何不早把它散掉？

老子的时代，统治者一个个以圣贤自居，追随统治者的政治家、思想家皆以"智者"自居，他们纵横捭阖，挑拨战争，求取功名。一旦诸侯受到"智者"的挑拨，发动战争，都说自己发动的是正义战争，是替天行道，是维护礼义、为天下百姓。老子认为，民不聊生的根源，就在于这些"圣贤""智者"，在于他们巧舌如簧的"仁义""巧利"。如果这些贵人能够少一点儿私心，少一点儿欲望，回归朴素自然的天性，不被物欲横流的世界裹挟，陷入物欲不能自拔，保持纯洁质朴的本性，天下就太平无事了。

我一直说，老子的《道德经》不是写给普通人看的，是写给贵族看的。老子说："贵以身为天下，若可寄天下；爱以身为天下，若可托天下。"如果你重视天下就像重视自身，天下重任就可以寄托给你；如果你爱天下就像爱惜自身，天下事就可以托付给你，让你参与治理。一个"贵身"的贵族，"不以宠辱荣患损易其身"，心中只有天下苍生的利益，没有私利。荣辱都是一时一地的虚名，如梦幻泡影，过眼云烟。人不能少私寡欲，就会宠辱皆惊，就会成为荣辱的奴隶，失去自我。

显然，老子对养生的看法是养神重于养形的。然而，到了秦汉时代，养生家讲究的是形神并重，虽然解释权不再属于老子，理论源头仍然在《道德经》，后世养生家万变不离其宗，无论怎么创新养生理论，很少有人能完全脱离《道德经》的哲学基础。

兀然无知，寡欲养精

为什么贩夫走卒、乡野村夫有时候会比谨于摄卫、颇通医道的达官贵人更为长寿？除了遗传基因个体差异，或许与唐代著名诗人刘禹锡所说的"兀然无知"有关。

刘禹锡，唐代官员、诗人、文学家，与柳宗元交谊很深，世称"刘柳"；与白居易唱和甚多，世称"刘白"。我们从小背诵的《陋室铭》，"旧时王谢堂前燕，飞入寻常百姓家"、"自古逢秋悲寂寥，我言秋日胜春朝"、"沉舟侧畔千帆过，病树前头万木春"，就是他的诗作。

刘禹锡幼年多病，保姆抱着他去医巫家看病，又是针灸，又是服药，喧然啼号，只见女巫阳阳满志，引手直求，也不知道给他用的是什么处方何等药饵。长大之后，见同龄人雄赳赳气昂昂武健可爱，自愧不如，很是自卑。于是，跟随医术高超的医生，借书苦读，自学医道。刘禹锡对朋友说，自己攻读方书《药对》，知《本草》之所自出；考《素问》，识荣卫、经络、百骸、九窍之相成。虽切脉学得不太精深，对药石略有心得。经过三十余年的学习，医术足以自卫，为家人看病，疗效也不错。孩子生病，再也没找过专职医生。最终，他撰写了一部《传信方》流传于世。

刘禹锡主张"生由养致""谨于摄卫",生命在于养生,每个人都应该谨慎对待养生。生病以后,三分医治,七分调养。调养好坏,疗效有别。这个道理,看似人人都懂,其实未必真懂。他曾写过一篇《述病》,讲了一个亲身经历的故事。

有年夏天,刘禹锡打算远行。还没出门,热攻于膝,生了一场病。仆人和他一样,也病倒了。医生叮嘱刘禹锡,别看你病情有好转,但热邪未平,尚有余毒留于体内,务必谨慎摄养,好好保养。可刘禹锡未遵医嘱,很快旧病复发。仔细想想,自己欲望太多,倦眠于被窝老想着爬起来,倦隐在桌子上老想着站起来走几步,又是洗脸,又是梳头,口不能忘味,心不能无思,一刻都闲不下来。说来说去,旧病复发,都是自己作的。他的自我反思,让我想起康熙教训儿孙的养生三寡,其中一寡是"寡嗜欲所以养精",相信"人能清心寡欲,不惟少忘,且病亦鲜也"。

刘禹锡吃了三剂发汗药,才能勉强睁开眼。睁开眼的时候,他无比惊讶地发现,仆人正端着杯盘在床前伺候他。你明明跟我一样生病了,而且症状比我重,我吃的药又比你多,为什么你好得快我倒好得慢呢?

刘禹锡的原文中,仆人连说了两次"兀然而无知",回答道:"生病的时候,自己浑然无知,稍有好转也是浑然不觉。头发像蓬草不记得整理,尘垢满脸也不知道洗刷。病情开始好转以后,纵然想吃想喝,也不敢吃肥甘甜美的饭菜啊,就这样一天天好起来,我也不明白为什么。"

刘禹锡感叹道：过去，这个仆人，种菜蔬荒、做饭味乱、喂马都喂不肥，总觉得太笨了。而今，看他养病，明显比自己做得好。看来，仆人以"兀然而无知"的浑然不觉胜过自己，利落与迟钝果真此长彼短。贤能的人可以为世间谋福利，就延年益寿而言，则可能不如愚拙的人。

刘禹锡所说的仆人，有点儿像老子所说的婴儿。南荣趎曾问老子"卫生之经"。老子反问：你能像婴儿那样纯真朴质吗？老子说婴儿行不知所之，居不知所为，身若槁枝，心若死灰，生命状态谐和自然，没有多余的欲望。婴儿整天哭叫咽喉却不嘶哑，是因为哭叫是他们的本能，整天握拳而不拘挛，也是因为天性使然。就像刘禹锡所说的仆人，不像刘禹锡本人欲望多，自以为什么都懂。

庄子和老子并称"老庄"，都主张清心寡欲，视之为保全自身、延年益寿的人间规律。庄子一辈子简朴，纵然凭借学问追逐名利或如探囊取物，也断然拒绝楚威王相国之邀，卖草鞋为生，无灾无难，高寿而终。他在《逍遥游》里说："鹪鹩巢于深林，不过一枝；偃鼠饮河，不过满腹。"林子再大，鹪鹩筑巢也只需要一根枝条；黄河再大，偃鼠饮水也只需要灌满肚子。于芸芸众生，心中怀有那么多的欲望，除了折寿，又有何益处？

刘禹锡熟读老庄的著作，在《陋室铭》中，以乐天知命的雅达，问自己"何陋之有"。

去世之前，刘禹锡自感大限将至，给自己写了一份自传，说自己"行年七十有一……不夭不贱，天之祺兮……人或加讪，心无疵兮。寝于北牖，尽所期兮。葬近大墓，如生时兮。魂无不之，庸讵知兮"。用我们的话说，就是，我活了七十一岁，没有夭折也不卑贱，这是上天赐福于我啊。可能有人诽谤我，但我问心无愧。如今我躺于窗下，终期已至，葬近祖坟，虽死犹生，至于我的灵魂何去何从，我就不知道啦。

得道仙翁，窈然无为

我们可以怀疑彭祖八百岁的真实性，但彭祖确有其人，《史记》等古代典籍都有记述，从这些难以考证的古代文字中，我们可以推知，彭祖是黄帝的八世孙，他母亲怀孕三年剖腹产生下六子，其中之一就是彭祖。

按司马迁在《五帝本纪》中的记载，彭祖在尧、舜君临天下的时候，已被荐举重用，只不过不像其他部落领袖有具体的职务与分工。

道家思想浓重的屈原认为，彭祖擅长食疗，喜好美味，能给尧调制鸡汤，尧很开心，喜欢他，重用他，将彭城封给他，作为他的封地。因为他的"道"达到了"祖师"级别的高度，所以世人称他为"彭祖"。

作为舜之重臣，彭祖名重天下，且以长寿著称。彭祖长寿，是战国秦汉史籍中的共识。战国初期的《列子》认为彭祖之智，不及尧舜，而寿八百，远超尧舜。《荀子》对彭祖长寿的解释是治气养生、修身自强。虽然历夏经商至周，在商为守藏史，在周为柱下史，享年八百岁，他本人还是觉得自己活得不够长，总是后悔自己睡觉枕头太高，以至于唾液吐得太远，伤了津气。

传说中，彭祖七百六十七岁的时候，有一段人生自述，说自己是个遗腹子，三岁丧母，遇犬戎之乱，流离西域，一百余年。之后，前前后后死了四十九个妻子、五十四个儿子，自认为"数遭忧患，和气折伤，冷热肌肤不泽，荣卫焦枯，恐不度世，所闻浅薄，不足宣传"。

但是，殷王不这么认为，他只是觉得不足以对天下宣传，但足以对他一个人宣传。他任命彭祖为大夫，也不用参与具体的政务活动，彭祖三天两头称疾闲居，等待大王带着奇珍异宝前来讨教长寿之道。彭祖收下数万金，救济穷苦之人，自己不留分文。殷王多次实验彭祖传授的养生之术，觉得非常神奇，下令国中，胆敢传授彭祖之道者格杀勿论。最后，想来想去，还是觉得杀了彭祖是最好的选择。彭祖也不傻，看破而不说破，一夜之间，人间蒸发，不知所终。

传说彭祖活了八百多岁，是中国历史上第一位长寿之人。孔夫子推崇他，庄子、荀子、吕不韦等都曾论述过他。《史记》中对他有记载，屈原诗歌中也提到过他，大概因为他名气太大了，到了西汉，刘向在《列仙传》中竟把彭祖列入仙界。

到了东晋，葛洪又写了一部《神仙传》。《神仙传》中的彭祖显然是一个修道而长寿的得道仙翁，而非庄子在《刻意》中点名批评的喜欢"吹呴呼吸，吐故纳新，熊经鸟申"的刻意为寿的道引之士、养形之人。彭祖在《神仙传》中的形象，自少年时，就是一个喜好恬静、性格沉稳、举止庄重的修道之人，他不恤世务，不营名誉,不饰车服,不炫耀自己是有道之人,也不作诡秘难言、变化鬼怪之事,以自然之道,窈然无为,坐拥道家人物不在乎名誉、富贵、金钱、权势的美德,但以养生治身为人生要务。

外修阴德，内固精神

1222年四月，丘处机一行抵达今阿富汗喀布尔，在成吉思汗的蒙古包内完成了一场筹划三年之久的历史性会面。

一位是享誉中原的全真教首领，一位是世界上最强悍的领袖，这样的历史性会面，若非历史记载，实难想见。

三年前，成吉思汗向七十二岁的丘处机发出邀请，征召问道，问"长生之道"，问"治国保民之术"。

靠着成吉思汗的虎头金牌，丘处机率十八个弟子，自燕京西行。行至中原和塞外的分界线野狐岭，北望寒沙衰草，白骨累累；南顾太行诸山，晴岚可爱。徘徊许久，去家离国。穿过呼伦贝尔，入蒙古高原，翻越阿尔泰山，进入新疆，最后抵达阿富汗。

成吉思汗也是人，也有生死困惑，召见丘处机，有政治考量，也有长生不老的奢望。明人不说暗话。成吉思汗一见面，就打开天窗说亮话：老神仙不远万里，走了这么远的路，可有什么长生不老的仙药带给朕啊？

丘处机坦率地回答："有卫生之道，而无长生之药。"意思是，我没有长生不老之药，只有养生之道。

谈着谈着，养生之道归结为"外修阴德，内固精神"。赞誉丘处机为国为民的文章反复重复着一段话。那就是,丘处机借成吉思汗问道之机,劝谏一代天骄,要止杀养民:"当外修阴德,内固精神耳。恤民保众,使天下怀安,则为外行;省欲保神,为乎内行。"

丘处机这里所说的"内固精神",理解为"固精"可能更为妥当。固精,是《黄帝内经》等养生著作中的养生方法。精,是构成我们形体的细微物质,除了生殖,精的功能在于供养全身,维持生命,调节我们的精神活动,维持我们体内的阴阳平衡。

精,是一个泛泛而谈的整体性概念,包括先天之精,后天之精、血、脑、髓、津液。说"精"就不能不说"肾"。《黄帝内经》说先天之精藏于肾。肾在五行之中主"水",负责储藏精气、新陈代谢、生殖发育。肾的盈亏,被视为生命力旺盛暗淡的标志。《黄帝内经》说"肾者,……精之处也,其华在发,其充在骨",意思是说,头发乌黑浓密润泽,骨骼中骨髓充足,则肾中精气充足。

《封神演义》中有一个故事片段,纣王见一老一少过河,大冬天的,老人速度快貌似不冷,少年速度慢冷得发抖。纣王很奇怪,宠妃妲己说这个看似反常的现象,是因为老人是父母年轻时生的,当时年轻父母精血旺盛,生下的孩子也精血充沛、骨髓盈满;那个少年是父母年老时生下的,年老父母气血衰弱,生下的孩子自然精血亏损、骨髓欠缺。所以老者过河如同少壮,而少年过河如同老叟。纣王不信,派人砍断他们的小腿,一看骨髓,果然如妲己所说。故事自然是假的,现代医学也不这么看,但这个故事表明了古人对肾脏、骨髓和精的看法。

成吉思汗以罕见的大海一样宽阔的胸怀对丘处机说：老神仙所说的都是难行之事，但我一定遵依仙命，勤而行之。

　　而后，成吉思汗对属下说：汉人尊重神仙，就像你们敬天，今天见到丘处机，我一下就明白了，这个丘处机真的是天人啊。他叮嘱大家：老神仙三说养生之道，我听得很入心，你们要保密，不能对外说。

养生当如庖丁解牛，游刃有余

我们今天所说的"养生"一词，来自庄子。庄子活了八十三岁，留下了养生名篇《养生主》，南怀瑾先生说他是中国最早的养生大家。

小时候，我们学习庄子的寓言"庖丁解牛"，根本就不知道他讲的居然是养生之道。寓言中，一位不知姓甚名谁的厨师"庖丁"，向国君梁惠王展示了一通神乎其神的宰牛之技。只见他手之所触，肩之所靠，脚之所踩，膝之所顶，一举一动，咔嚓作响，犹如歌舞表演，赏心悦目。最美的，是运刀之际的咔嚓声，无一不合音律，节奏动人。眼见梁惠王惊讶于自己的宰牛神技，庖丁放下刀，跟这位国君谈起了"道"，说自己解牛靠的是心领神会，不是耳聪目明，也不是刀刃锋利。庖丁说，他解牛，依照牛的天然肌理，顺着牛本身的结构，在筋骨交接之处用刀，让刀顺着牛的骨节缝隙运行，遇到再硬的骨头都能"游刃有余"。庖丁向梁惠王淡淡地摆了摆手中的刀，说：这把刀，用了十九年，宰牛几千头，锋利如此，不见折损。为什么？因为我谨慎、细心，遇到骨骼难解的地方，总是行动迟缓，不用蛮力，不拼刀锋，而后就会听到哗啦一声响，骨肉支离，如土块落地。我持刀而立，四下张望，志满意得，擦一擦刀刃，就把它小心翼翼地封藏起来。

寓言中的梁惠王很有悟性，听完庖丁一席话，感慨地说：妙啊，妙啊，养生之道，我懂了。简单地说，善养生者，必定像庖丁善于解牛一样"依乎天理""因其固然"，依照自然规律办事，不违事物本性，回避矛盾，躲开死结，不蛮干，不硬来。

这里的"养生"，也就是庄子所说的"养生"，远远不止于保养形体的养形之术，还有养神的意味。庄子所"养"的"生"是生命，"心"是生命之主，所养的不仅是"形"之生命，还有"神"之生命。

关于养生，庄子还说过一句名言："为善无近名，为恶无近刑，缘督以为经，可以保身，可以全生，可以养亲，可以尽年。"

怎样才能达到这个目的？遵循自然的虚无之道，不图虚名，不作恶！做善事，不要心心念念地想着留下什么好名声。人当然不能做坏事。即使做了世人所谓的坏事，也要有底线，不能坏到遭遇刑罚的地步。

唯此，方能保护身体，保全天性，奉养双亲，乐享天年！

八十不知老，精神胜少年

六十岁以后如何养生？清代才子、性灵派诗人、"一代文星兼寿星"的袁枚，品味美食，登山远足，读书赏画，一如既往，不忧年数渐长老之将至，明知灯将尽，八十不知老，精神胜少年。

袁枚为人聪明，二十四岁中进士上翰林，然而一生官运不佳，仕途不顺，归隐南京小仓山，以"随园先生"之名，过完了诗酒年华，以性灵派诗人、散文家、文学批评家、美食家的美誉，赢得生前死后名。

袁枚喜爱远足他乡，登高望远，游山玩水，六十岁后如行吟诗人且行且吟，写性灵之诗，过灵性生活。

六十三岁这年，袁枚喜得贵子，一下子想到自己的寿数。二十余年前，一个算命先生给他算命，说他六十三岁得子，七十六岁去世。子不语怪力乱神。算命先生的话，姑妄听之。如今，果然六十三岁得子，应验如神。由此思忖，生死大限是否真的七十六岁，自然是人之常情，袁枚岂能免俗？好在六十三岁距离七十六岁，还有十三年，好像也不用那么着急、慌张。

岂料，第二年秋天，袁枚患上疟疾，一下子消瘦了很多，多吃几口就觉得又闷又胀，多说几句就觉得气喘吁吁。想想春天的时候，自己还身强体壮耳聪目明，上山不嫌高，熬夜不厌长，兴致上来了，能像獐子一样跳跃。从春到秋，才几天啊，怎么小小的一场病，对着镜子都不认识自己了？看来，岁月不饶人，到了灯将尽、叶将落的时候了，贪图凉爽的事，要少做了。他告诫老年朋友，衰年不敌风霜，一定要注意寒暑变化，以防疾病侵扰。

天不轻作秋，一雨一回凉。
人不容易老，一病一颓唐。
我年六十四，今春犹聪强。
上山不嫌高，坐夜不厌长。
有时逸兴发，跳跃如生獐。
人皆笑此翁，童心犹未忘。
无端秋一疟，吾精竟消亡。
揽镜不相识，奀奀瘦异常。
加餐辄腹闷，多言复气伤。
仿佛传玄言，欲舍形高翔。
回思春日健，并未隔千霜。
如何我羡我，已作两人望。
始知将尽灯，不可使扇扬。
又如将落叶，何堪风再戕。
寄语衰年人，寒暑宜周防。

病愈之后，袁枚把养生提到了一个更高的高度。虽是退休在家的官老爷，他也不是油瓶倒了不扶的书呆子。释卷之余，他时常清扫书斋，洒扫庭除，活动筋骨，清洁居所。古稀之年，活动不宜剧烈，就吟诗抒怀，读书消遣。你看他的诗，不是"一笑老如此，作何消遣之？思量无别法，惟有多吟诗"，就是"我生嗜好多，老至亦渐忘。惟有两三事，依旧欢如常。摊书傍水竹，随手摩圭璋。名山扶一杖，好花进一觞。谈文述甘苦，说鬼恣荒唐。七十苟从心，逾矩亦何妨"。

袁枚对待生老病死的态度有点儿像白居易，坦然面对自然规律，不畏惧。自诩"八十不知老"的袁枚，兴之所至，题写过一首《喜老》："……一起百事生，一眠万事了。眠起即轮回，无喜亦无恼。何物是真吾，身在即为宝。就使再龙钟，凭人去笑倒。试问北邙山，年少埋多少。"看看北邙山埋葬了那么多的年轻人，我袁枚老态龙钟，被人笑话又有何妨？人老了，就是一起、一眠、一睁眼、一闭眼的事，一觉醒来就是一个轮回。这世上，没什么值得珍惜的，只要这肉身还能活着挪动一天，这肉身就是我最珍贵的宝贝。

人说"疑心生暗鬼"。七十五岁这一年，袁枚一会儿梦见僧道言死，一会儿"忽婴腹疾形神枯"，以为算命先生所说的死期再也逃不过了。袁枚就是袁枚，他能享誉文坛，让我们惦记几百年，确实因为不同凡响有灵性。以为自己大限将至，他赶紧着手忙碌的第一件要事是自作挽歌，题目很长——《腹疾久而不愈，作歌自挽，邀好我者同作焉，不拘体，不限韵》：

人生如客耳，有来必有去。
其来既无端，其去亦无故。
但其临去时，各有一条路。
…………

逝者如斯夫，水流花不住。
但愿着翅飞，岂肯回头顾。
伟哉造化炉，洪钧大鼓铸。
我学不祥金，跃冶自号呼。
作速海风迎，仙凫陪白傅。
或游天外天，目睹所未睹。
勿再入轮回，依旧诗人作。

自己写写也就罢了，他还呼朋唤友给他写挽诗。不管怎么说，你这不还活着吗？谁好意思写？难道大家盼你死吗？看应者寥寥，袁枚玩性大发，居然写了《诸公挽章不至，口号四首催之》，连写四首诗，催促大家给他写挽诗，批评大家"人人有死何须讳"。

其一
久住人间去已迟，行期将近自家知。
老夫未肯空归去，处处敲门索挽诗。

其二

挽诗最好是生存，读罢犹能饮一樽。
莫学当年痴宋玉，九天九地乱招魂。

其三

莫怪诗人万念空，一言我且问诸公。
韩苏李杜从头数，谁是人间七十翁。

其四

腊尽春归又见梅，三才万象总轮回。
人人有死何须讳，都是当初死过来。

这些诗通俗易懂，读来趣味横生。前面，他说：我不想空手而归，离世前到处敲门请大家给我多写点儿挽诗。中间，他说：韩愈、苏轼、李白、杜甫谁活到七十岁了，我都七十六岁了，知足啦。后面，他说：人人皆有一死，忌讳什么呢，我们哪个出生的时候不是从生死轮回中由死而生的？话说到这份儿上，忌讳都去九霄云外了。三十余位诗友在他生前作挽诗三十余首，调侃者有之，赞美者有之，为我等今日茶余饭后又添一谈资。

依算命先生的话，七十六岁这年除夕，当是生死大限。吃完年饭，袁枚与家人一一道别，该说的都说了，连同八十三岁的姐姐，都陪着他等待阎王捉拿归案。黎明时分，一声鸡叫，袁枚七十七岁,一年来惊恐莫名的袁枚如蒙大赦,改名"刘更生""李延年"。

大喜过望的袁枚一口气写下了七首诗,记录除夕之夜的感受,其中两句"诸公莫信袁丝达,未到鸡鸣我尚愁",分外有趣。你们别以为我袁枚是个不畏生死的旷达之人,鸡鸣天亮之前,我忧心忡忡,怕死怕得要命啊。

八十岁的时候,他在《喜老》诗中写了一句"八十不知老"。想当年,他六十七岁登天台游雁荡,六十八岁登黄山,六十九岁下两广,有诗赞他"八十精神胜少年,登山足健踏云烟"。而今,精神固然胜少年,登山足健踏云烟绝不可能。好在他似乎永不气馁,越老越豁达,在《八十自寿》中,他志得意满地说:"潇洒一生无我相,逢迎到处有人缘。桑榆晚景休嫌少,日落红霞尚满天。"

骑马似乘船,落井水底眠

贺知章一生,三十七岁中状元,为官五十年从未遭受贬谪,为政不倒,辞官还乡时获得了唐朝退休官员的最高礼遇。在他身上,我们既能看到晚节诞放、遨嬉里巷的越名教而任自然的魏晋风度,又能看到静默养闲、抱朴守拙的道家养生方略。看似冲突的两种养生主张,居然在他的精神世界里和谐统一,毫不违和。

八十四岁那年,贺知章在长安接待了怀才不遇、慕名来访、渴望被举荐的李白。彼时,李白四十二岁,比他小了足足一辈。

当时,李白刚刚从蜀地来到长安,一介布衣,也没什么大名气,就把他自己的诗作《蜀道难》送给前辈贺知章。贺前辈连连称妙,妙,妙,写得真妙!

阅人无数的贺知章初见李白,大呼晚辈李白"谪仙人"。什么意思?就是由天上贬谪到人间的神仙。贺知章德高望重,名满天下,一句"谪仙人",夸得李白神采飞扬。日后,李白逢人自称"青莲居士谪仙人"。

初次见面,贺知章就邀李白下馆子,酒过三巡发现没带钱,就把随身携带的象征身份品级的"金龟袋"摆到桌上,给小二抵酒钱,最后尽兴而归。仰赖贺知章的雅荐,李白名动京师,圆了翰林梦。

次年冬月，贺知章神情恍惚地发现自己病倒了，梦中自己游到帝居，于是向唐玄宗申请告老还乡，出家为道士。唐玄宗感念贺知章年老功高，亲自给道观题名为"千秋"。

回家路上，贺知章在村口遇一群儿童，见他打听故宅，反问他是哪里来的客人。于是触景生情，写下"少小离家老大回，乡音无改鬓毛衰。儿童相见不相识，笑问客从何处来"。

离世前，他折柳为哨，编花为帽，写下"碧玉妆成一树高，万条垂下绿丝绦。不知细叶谁裁出，二月春风似剪刀"。

八十六岁那年，贺知章长辞于浙江会稽，安葬于青山绿水之间。李白不知故人已逝，分别三年后再访贺知章，黯然写下"金龟换酒处，却忆泪沾巾"。

贺知章去世后，杜甫步李白后尘，也到了长安，结交汝阳王，常陪他游赏饮宴，耳闻汝阳王诗酒旧友的趣闻雅事，不胜感怀，写了首《饮中八仙歌》。摆在八仙之首的是贺知章，诗中说"知章骑马似乘船，眼花落井水底眠"，说贺知章酒喝多了，骑在马上，如人在舟中，摇摇晃晃，忽上忽下，醉眼蒙眬，眼花缭乱，跌入井中，就在井底酣然入梦。

一千多年后，我们想到贺知章，马上就想到这两句诗，一个旷达纵逸的老翁、佯狂醉游的狂客就这样浮现在眼前。这哪是德高望重、官居三品的文坛泰斗、文学侍从？怎么看都像是"竹林七贤"、魏晋名士。贺知章一生，前面信佛，后面皈依道教，不管从哪种信仰看，都不应有如此形象。这就是以自然之理养自然之身的养生之道？

稍知唐史，可知贺知章从政那些年，政治是吊诡的，气氛是紧张的，沉浮是急速的，就连皇子们都是惊恐的，而他贺知章却以善终遗下喜庆之气。

都说木秀于林风必摧之，盛名之下谤亦随之。然而，终其一生，贺知章似乎没有这个烦恼，念他好的人极多，等太子即位，马上称赞早已作古的道士贺知章"襟怀和雅""学富才雄"，如高挺于会稽山的美竹，深藏于昆仑岗的宝玉。这与贺知章抱朴守拙的道家精神有关。他退休前一二十年，仕途没什么进步，只提拔了一两次，还是虚职散官，没有实权，他可能也有牢骚，但他的作品中鲜见杜甫式惆怅、李白式失意，留给我们的是"二月春风似剪刀""笑问客从何处来"的欢喜与天真。

我不能不想到道家养生的避世远祸，想到《菜根谭》中出自道教的养生名言："涉世浅，点染亦浅；历事深，机械亦深。故君子与其练达，不若朴鲁；与其曲谨，不若疏狂。"青年人阅历涉世不深，受社会不良习惯的污染也很浅；老于世故的人阅世很深，沾染的心机恶习自然也多。所以，君子与其人情练达圆滑世故，还不如抱朴守拙笨一点儿；与其事事谨慎委曲求全，倒不如豁达狂放一点儿，还能保住天真的本性，像老子一样修道而长寿。

我不知道，富贵之人思考养生，读到这里，心头会不会闪过一道光。

卷四 情志调摄

循天之道，中和养生

一个坚持"独尊儒术，罢黜百家"的帝王之师，仅凭这八个煞气很重的字，就容易予人个性极端的印象。事实上，倡导此说的董仲舒为人纯良，处世中和，就连养生之道，他信奉的也是中和。

董仲舒是一个含着金汤匙出生的孩子，家境好，生活舒适，不需要为五斗米折腰，但是，他没有富家子弟好逸恶劳的恶习，自幼聪敏，热爱读书，传说中有"三年不窥园"的轶事。父亲见儿子读书废寝忘食，担心过劳伤身，在宅门之后建造一个花园，给儿子类似后世"百草园与三味书屋"一般的生活情趣。然而，儿子三年没有看过一眼花园的样子，只知埋头读书。

董仲舒走向社会的时候，汉武帝还没有登基，皇家尊重的是黄老之术，他一个儒生，只能像他崇敬的孔子一样办私学，招门徒，宣讲"四书五经"。由于他影响力大、声誉好，汉景帝聘任他为"博士"，掌管经学讲授，做了一个有名无实、待遇优厚的闲官。我们对他印象最深的"罢黜百家，独尊儒术"，还要等汉武帝掌权，他才有机会提出来。这不像养生哲学，你研究好了，自己写出来说出来就可以了。

理解董仲舒的"中和养生"，要回到他的《春秋繁露》，回到他所说的"循天之道,以养其身"。"道"是什么?是"中"!董仲舒说,没有比"中"更正的"道",没有比"和"更大的"德",一个能以"中和"治天下的帝王,德行必定盛大;一个能以"中和"养身的男女,寿命一定极长。

其实,"中和"不是董仲舒的原创,这两个字出自《中庸》。《中庸》云:"喜、怒、哀、乐之未发,谓之中。发而皆中节,谓之和。"这两句话距离现代汉语太远,不易理解。第一句话是说,喜、怒、哀、乐尚未表现于外时,内心寂然不动、不偏不倚,此之谓"中"。第二句话说的是,情感表现于外时,端正适度,合乎人情事理、伦理规范,此之谓"和"。董仲舒希望人在日常生活中总是和和气气的,不过怒,不过喜,喜怒适中,以免气偏于常态。他说仙鹤长寿,是因为体内没有郁结之气,吃下去的食物不会凝滞,暗合了"中和"之道。董仲舒希望世间男女"喜怒止于中,忧惧反之正",中和之气常存于身,都能掌握中和养生之道,"得天地泰""寿引而长"。寿有短长,养有得失。比如说,上天给了你一百年的寿数,你违反中和养生之道,自己伤害自己,就不可能活到一百岁;反过来,上天只给你五十岁的寿数,你遵守中和养生之道,就可以超过五十岁还活着。

董仲舒没有什么生活阅历,也没有深厚的心机,没有封侯拜相的野心。汉武帝登基后,他担任了一个小小诸侯国的宰相,处理的大多是琐碎小事。任职五六年,清闲得很。后来调回京师,当一个不咸不淡的中大夫,大把大把的时间还是用来读书治学。如果不是汉武帝征召贤良文学之士，问策于天下，他可能连见皇帝一面的机会都没有，更没有机会提"罢黜百家，独尊儒术"了。他的长处在于论道，于治国平天下的实操事务热忱不高，本领有限，相对于同时代封侯拜相的其他儒生长袖善舞、政绩卓著，他实在是望尘莫及。

汉武帝采纳"罢黜百家，独尊儒术"的政治主张之前，汉朝实行的是秦政，以刑罚为主。董仲舒说，老百姓是善的，质朴而未觉醒，国家要以儒家的"仁义礼智信"教化百姓，施行德治，而非刀治，用刑罚恐吓他们顺从。忧虑于礼乐崩坏的政治社会氛围，汉武帝希望通过礼乐教化来移风易俗，采纳了董仲舒的政治主张。

董仲舒问对汉武帝一对成名，但他并没有在儒家"学而优则仕"的道路上走得有多顺当，反而因为借火灾说明上天已经对汉武帝发怒，宣扬天人感应，被判斩首。等汉武帝冷静下来，怜惜他的才华，赦免了他，几经折腾，年老体衰的董仲舒明哲保身，称病回家，继续教书，治学养老。

董仲舒一生都是儒家的表率，到哪里都是一个文质彬彬的君子，行为严肃，品性方正，非礼勿视，非礼勿听，皆合于礼，为人廉直，一生不贪财，不治产业，好在他家境富裕，没有谋生之劳。虽然出生年月不详，董仲舒享年八十几岁是没有疑义的，远超出汉武帝。不知道，在他寿终正寝的时候，回顾自己的一生，有没有想过中和养生观对他寿辰的影响到底有多大。

行乐养生，贫者亦行

行乐养生是李渔之所思，也是李渔之所行。贵人可行，富人可行，贫贱者亦可行。

李渔是中国文人心目中一等一的才子，虽为明末清初之人，距今三百余年，无人得见，但我们想起他，想起《闲情偶寄》，想起他及时行乐的颐养观念，就觉得很温暖，有故人故友的亲切感。

《闲情偶寄》是我们高中时代就熟知的作品，本为戏剧家、戏剧理论家的戏剧论著，但是文学家视之为文学作品，美学家视之为美学作品，养生家视之为养生作品。林语堂视之为中国人生活艺术的指南。

李渔是地道的江南才子，出生于今江苏如皋，乃药商之子，年幼失怙，科场失意，屡试不第，清兵入境前后，一会儿归隐故乡伊园，一会儿寄寓杭州武林，一会儿萍居金陵芥子园。

李渔一生往返江浙，颠沛流离，居无定所，一辈子写传奇、写戏剧、写小说，卖文为生，有时候还要外出打秋风，寻求馈赠，维持一家主仆几十人的生计。他以文会友，以戏会友，结交权贵，与曹雪芹的祖父曹寅为忘年交，也有寻求资助之意。

康熙十九年，农历正月十三，李渔在一个大雪纷飞的早晨，一病不起，享年七十岁。虽有故乡县令赠予的"才名震世"的牌匾，亦有钱塘县令题写的墓碑，题之为"湖上笠翁"，然其一生，不富也不贵，不过李渔过得相当快乐。

究其一生，时时不忘"及时行乐"。他说："造物生人一场，为时不满百岁。"且不说那些夭折之辈，即便长寿百岁者，也就三万六千日的光阴，纵使你天天追欢取乐，也不会有无限光阴供你玩乐。更何况，"百年以内，有无数忧愁困苦、疾病颠连、名缰利锁、惊风骇浪"，阻止你像燕子一样飞来飞去，享受燕游之乐。众多长命百岁之人，也是"徒有百岁之虚名"，实际享受"生人应有之福"的年头，能有一年二年吗？

所以，李渔说他"体天地至仁之心"，得到的人生其实就是行乐养生，用他的原话说："兹论养生之法，而以行乐先之。"

后世之人，喜读《闲情偶寄》，往往是因为李渔谙熟人世间各种各样的"行乐之法"，认可其中蕴含的养生思想、生活智慧。

当然，李渔所说的行乐，不是吃喝嫖赌寻欢作乐，他在供人参酌的"贵人行乐之法""富人行乐之法""贫贱行乐之法"中，着重强调的是"乐不在外而在心。心以为乐，则是境皆乐；心以为苦，则无境不苦"。富贵之人行乐，须知"知足不辱，知止不怠，不辱不怠，至乐在其中矣"。穷人行乐无他秘巧，亦只有"退一步"法。我以为贫，更有贫于我者；我以为贱，更有贱于我者；我以妻子儿女为累，尚有鳏寡孤独之人，苦于没有机会为妻子儿女受累；我看着手上的老茧顾影自怜，悲叹自己劳累不堪，岂知世上尚有身在狱廷，家中田地荒芜，梦想安安心心在家耕田种地而不可得的人。如果遇事总是这样想，则苦海尽成乐地。反过来，贫穷之人总是向前看，与胜我一筹的人比来比去，则片刻难安，就会把自己套上枷锁关入牢笼。

李渔讲了一个故事，有一个显贵之人旅途之中夜宿邮亭，时方溽暑，帐内多蚊，驱之不出，回忆家中房屋宽大，凉席如冰，又有一群爱妾为自己扇扇子，完全忘记自己在过夏天，而今身在邮亭困厄至此，越想越烦，终夜不眠。

奇怪的是，露宿阶下的守亭之人，为众蚊所啮，几至露筋，不得已而奔走庭中，摇头摆尾，一刻不停，以免蚊子在身上落脚。只见此人，手舞足蹈，来回穿梭，嘴里念念有词，赞叹嚣嚣，好像苦中有乐，挺开心的。

显贵之人不解，喊他过来，说：你受的苦，比我苦百倍，我以为苦，而你以为乐，为何？

守亭之人答：多年之前，我被仇家陷害，被捕入狱。当时也是夏天，狱卒怕我逃跑，一到夜里就给我戴上镣铐让我手足不得动摇，当时蚊虫之多，倍于今夜，我只能任它们叮咬。想到今晚竟能奔走不息，四体自如，今昔对比，过去是凡人的生活，今夜就是仙人的日子，过去是鬼的夜晚，今夜就是人的夜晚，以昔较今，所以自得其乐，一点儿都不觉得苦。

显贵之人听了，不觉爽然，马上开心了。

李渔说，这就是穷人行乐的秘诀。不但心理建设如此，铸体炼形亦当如此。

寻可喜可笑之事，舒劳顿郁结之气

职场中人，每日劳顿，百事缠身，烦恼丛生，剪不断理还乱，身累心也累，何以养生？明代收藏家梁清标对此颇有心得。

梁清标非但是位收藏家，所藏传世字画迄今仍为拍卖行热点珍品，还是一位位列宰相的大学士，做过兵部、礼部、刑部、户部四部的尚书。梁清标曾经对人说，白天办理公事，晚上回家"必寻可喜笑之事"，与客纵谈，掀动胡须，放声大笑，"以发舒一日劳顿郁结之气"。清代大学士张英评价梁清标如此做法，"真得养生要诀"。

张英自己四十六七岁以后，寻天真之乐的养生心法，亦值得一提。他说，大凡哀苦恐惧之事，只以五官四肢应对，不往心里去。他把自己的内心世界打造为一座城市，紧闭城门，时加防守，唯恐哀苦恐惧如贼兵攻入城门。

有时候，"贼势甚锐，城门稍疏"，就有贼兵攻入心之城池。此时，就需要及时察觉，驱出城外，牢闭城门，令心中这片方寸之地，空空朗朗，仍旧宽绰洁净。

如此往复，十年后，张英渐渐觉得，心之贼兵突破心之城门的情景越来越少，驱逐心贼也不用那么费力，虽然城外纷纷扰扰、不由自主，心灵深处依然不会将天真之乐忘得干干净净。

不气不气真不气

宰相肚里能撑船，说的是一个人气量宏大、心胸宽广，不容易生气。清代东阁大学士阎敬铭不但有"救时宰相"之称，还写过一首流传甚广的《不气歌》，告诫世人气则伤身，不气养生。

阎敬铭是陕西人，二十九岁中进士，是中国历史上为数不多的财政学专家。史书上说他为官清廉，做人耿直。阎敬铭比曾国藩小几岁，比曾国藩活得长，享年七十六岁。

曾国藩的好友胡林翼向朝廷举荐他担任湖北按察使的时候，说他"公正廉明，实心任事"，严树森则说阎敬铭"才可救时，湖北贤能第一"。

阎敬铭其貌不扬，心雄万夫，居心正大，担任过财政部部长之类的职务。他的长相确实难看，一只眼睛大一只眼睛小。为人非常简朴，穿一身粗糙的官服，棉袄是他妻子做的，他常与别人说："内中之絮，内人所手弹也。"

清末，内忧外患，官场贪腐，民怨沸腾，身居要职，备受指责，今天官僚埋怨，明天亲友非议，他写了一首《不气歌》：

他人气我我不气，我本无心他来气；

倘若生病中他计，气下病时无人替；
请来医生把病治，反说气病治非易；
气之为害大可惧，诚恐因病将命弃；
我今尝过气中味，不气不气真不气。

这首《不气歌》，劝世人也是劝自己，诙谐幽默、韵味无穷，首尾两句连在一起，"他人气我我不气，不气不气真不气"。

其实，脾气是一个中医名词，指"脾之气"。"脾气"也叫作"脾脏之气"，指的是脾赖以产生的精微物质。

需要说明的是，"脾气"的脾，不是西医所说的脾脏，而是一种功能，一种消化吸收、运化水湿、主统血、主升清降浊的能力。脾居腹中，与胃相表里。脾胃共同承担着化生气血的重任，同为"气血生化之源"。按照中医的说法，食物进入胃，经胃的腐熟消化，转输入脾，脾将水谷精微物质上归于肺，散布全身，供应营养，同时调节全身水液代谢，将浊液转输到大肠与膀胱排出体外。

中医常常将人体看成一个国家，用官员职责功能比喻人体脏器功能，脾胃主运化水谷精微，故被称为"仓廪之官"，类似于管仓库后勤的官员。

一个人"发脾气"的时候，就意味着"仓廪之官"放弃职守，变"虚"了。一旦脾虚，则气血乏源，面色苍白，身体无力。所以，人在紧张焦虑的时候会胃痛。我就曾见一位博士生答辩之后脸色苍白，连喊胃痛。

中医认为"思伤脾",是因为脾与情志中的思相关。一个人若思虑过度,或所思不遂,可导致脾气郁结,运化失常,出现不思饮食、脘腹胀满、食少倦怠、大便稀溏、心悸失眠等异常表现。

更严重的是气死。《三国演义》中诸葛亮气死周瑜,骂死王朗,羞死曹真,最终聪明反被聪明误,被司马懿一语送终。虽是戏剧,荒诞离奇,但现实生活中由于生气导致猝死等心血管事件并不罕见。略通中医的人可能知道,主怒的是肝,生气发火气血上涌,容易受伤的是肝气,殊不知肝郁气滞反过来会激发人的坏脾气,两者互为因果。

唐代诗人白居易写过小诗一首《病气》,劝勉大家不要为小事闹情绪发脾气,生个病不值得。

自知气发每因情,情在何由气得平。
若问病根深与浅,此身应与病齐生。

他曾与妻子吵架,面对赌气的妻子,他写了一首《赠内》,委婉地告诉夫人,莫思往事,过去了就过去了,老是生气,一来"损君颜色",花容失色不好看;二来"减君年",生气折寿划不来。

漠漠暗苔新雨地,微微凉露欲秋天。
莫对月明思往事,损君颜色减君年。

若问乐天忧病否，乐天知命了无忧

白居易，字乐天，人称白乐天。白居易养生，情志调节的秘诀，如果仅仅归结为一个词的话，那就是"乐天"。人生暮年，他将乐天养生淡化为不畏老、不忧病。

白居易出生于乱世，是一个祖上曾经阔过的落魄子弟，为谋进士科，摆脱人生困境，刻苦读书，年纪轻轻，头发全白。他并非天赋异禀之人，和许多人一样，白居易从小体弱多病，十八岁那年就写过一首《病中作》：

久为劳生事，不学摄生道。
少年已多病，此身岂堪老。

小小年纪就开始忧病、畏老，担心自己年纪轻轻就一身毛病，老了可怎么办，又能活多久。

及第后，仕宦生涯起伏不定，前因越职言事，贬谪江州；后因时来运转，任职苏杭。晚年交游僧人，信仰佛教，号"香山居士"，七十五岁时辞世于洛阳，唐宣宗悼诗一首云：

缀玉联珠六十年，谁教冥路作诗仙。

浮云不系名居易，造化无为字乐天。

童子解吟《长恨曲》，胡儿能唱《琵琶篇》。

文章已满行人耳，一度思卿一怆然。

白居易特别注重自我保健，像那个时代的养生家一样服丹药，吃云母粥。云母重金属含量高，有毒，白居易却像今人吃保健品一样吃下去。按理白居易难以长寿，但他取字"乐天"，调节情志，乐天知命，补了先天不足、丹药之害。

皇帝思念白居易，悲伤怆然，白居易若能读到皇帝悼念自己的诗句，可能会淡淡一笑，劝他乐天知命，节哀顺变。

白居易不怕老，不怕病，相信自然规律。他在年龄增长，白发满头，牙齿脱落时，写诗自嘲自勉："始知年与貌，衰盛随忧乐。畏老老转迫，忧病病弥缚。不畏复不忧，是除老病药。"他六十八岁瘫痪在床，依然乐天知命，强作欢颜，于枕上作诗，自问自答：

风疾侵凌临老头，血凝筋滞不调柔。

甘从此后支离卧，赖是从前烂漫游。

回思往事纷如梦，转觉余生杳若浮。

浩气自能充静室，惊飚何必荡虚舟。

腹空先进松花酒，膝冷重装桂布裘。

若问乐天忧病否,乐天知命了无忧。

病病歪歪的白居易瘫倒在床后,又活了将近十年,应了古人那句话:"无价之药,不名之医,取诸身而已。"

滑稽诙谐，因人而异

养生如下棋，高手不会按照棋谱规定的章法下棋，一定要因人而异，一人一策，辨证施治。这是纪晓岚在《阅微草堂笔记》中借一位仙翁道出的养生心得。

纪晓岚是位又黑又胖的河北汉子，不是古装电视剧中的翩翩书生。纪晓岚不但爱抽烟，爱喝酒，爱熬夜，还爱吃肉。清代《啸亭杂录》中说他："年已八十，……日食肉数十斤，终日不啖一谷粒，真奇人也。"如此奇人形象，与养生确乎相去甚远，何以享年八十二岁无疾而终？

纪晓岚不但抽烟，还抽得凶，民间称呼他为"纪大烟袋"。当时，普通烟民用的都是水烟袋，纪晓岚用的是旱烟袋，烟锅还是特制的。他这么做，倒也不是因为夸耀显贵，而是因为他的烟瘾大，水烟袋容量小，不能满足他一装三四两的心愿。这么大个烟锅，在当时可谓独步天下、有一无二。

纪晓岚虽然不合养生之道的贱生之事多，但他的的确确是养生的。他在《阅微草堂笔记》中，或者记录养生膏方，或者讲述养生故事，不事渲染地谈论了自家养生之道，特别是以下棋比喻养生，劝勉世人因人而异，不照搬照抄，观点新奇，夺人耳目。

有一位冯姓官员,在山中偶遇一位老翁,居然是一位生于元代的老人,跨越了明朝三百年。冯官员惊诧不已,忙不迭地请教养生之道。

老翁说:按照棋谱中的路数下棋,输棋是必然的。照搬中医方剂治病,病难治愈。养生如下棋,因人而异,辨证施治,切忌生搬硬套。学习吐纳、导引等养生之术,要有缓急先后,稍一失调,要么结为毒疮,要么气血停滞、肌肉痉挛。

冯官员又问:服食药饵能否延年?老翁摇头说:不能。方士所服食的药饵,不过是草、木、金、石而已。草木速朽,金石也会被大自然风蚀。它们自身尚不能永生,还指望它们的"余气"药力让你长生不老吗?

冯官员问着问着,问到了终极问题:神仙真的不死吗?老翁模棱两可地回答道:神仙可能不死,也可能随时会死。有生必有死,这是大自然的基本法则。炼气存神,都是反自然的。炼得好,也许能气聚神亦聚。稍有疏忽大意,气消神也消,必死无疑。

通过纪晓岚的作品,我们知道纪晓岚是养生的,可能不服药饵,但练习导引吐纳。至于说他是怎么身体力行"养生之道,一人一策,因人而异",我们没有从他的作品中看到他的养生清供,不得而知。根据他的生平、个性,他写别人、别人写他的作品,我们可以大致推测滑稽诙谐、幽默爱笑可能是他独有一人一策、因人而异的养生之术。

纪晓岚幽默爱笑,笑点低,一件小事、一句家常话,众人都觉平常，他却乐不可支，若不强行阻止，他就笑得停不下来。《清稗类钞》所记"纪晓岚智解老头子"，就是以趣闻逸事的形式，凸显他幽默诙谐的养生之道。纪晓岚体肥而畏暑，夏日汗流浃背，衣衫尽湿。每次去南书房值班之后，总要去休息室脱光衣服，赤膊纳凉。乾隆像个老顽童，想就此捉弄纪晓岚。某日，纪晓岚与同僚数人，在休息室赤身谈笑，没想到皇帝突然驾到，纪晓岚近视，等皇帝走到面前才知道领导来了，此时换衣服已经来不及了。怎么办？纪晓岚急忙躲藏在皇帝的座椅下，喘息不敢动。皇帝坐两小时不去，也不说话。纪晓岚等了很久，酷热不能耐，伸首外窥，问：老头子走了吗？皇帝笑，同僚们也在笑。皇帝怒斥其无礼，言语轻薄。纪晓岚说，皇帝万寿无疆叫作"老"，皇帝顶天立地叫作"头"，皇帝是天父与地母的孩子叫作"子"。皇帝大笑，冰释前嫌。

其实，这个故事是假的，是文人雅士为了衬托纪晓岚幽默诙谐的性格，编出来的段子。事实上，"老头子"故事中皇帝根本就没笑，纪晓岚吓得惊魂未定，在给儿子的信中谈及此事，说自己胆都要破了，悔恨自己忘了慎言寡过的古训，望儿以父为戒。

纪晓岚得乾隆器重是真，否则，也不可能当上尚书、大学士，然而，他们之间的关系绝不像电视剧所演的那么亲密无间没大没小。纪晓岚绝大多数时候对待乾隆是谨小慎微、恪守臣道的。不是纪晓岚不幽默，是人家皇帝不屑于跟他开玩笑。《南巡秘记补编》载，纪晓岚曾为某位同年中进士的官员秉公求情，反遭乾隆骂："朕以汝文学尚优，故使汝领四库书，实不过以倡优蓄之耳，汝何敢妄谈国事！"乾隆一点儿不绕弯地说：我派你编辑《四库全书》，是因为你有文学特长，我养一个文人编辑，就像养一个小丑演员一样，你有什么资格跟我谈论国家大事？

好在纪晓岚的生活中不是只有皇帝，他能开玩笑的地方多。人说他"胸怀坦率、性好滑稽""骤闻其语，近乎诙谐，过而思之，乃名言也"，可见他幽默诙谐爱笑是真的，有意无意之间以爱笑幽默养生也是他调摄情志的一剂良方。《黄帝内经》称："喜则气和志达，荣卫通利。"说明幽默爱笑可使气血和畅、生机旺盛。一如明代胡文焕在《类修要诀》的"养心要语"所云："笑一笑，少一少；恼一恼，老一老。"

兴尽方下山，何必待之子

年过六旬，心气不衰，情志畅通，情绪稳定，随遇而安，顺其自然，或为卒年九十六岁的长寿诗人丘为的养生之道。

丘为是唐代诗人，名气不大，今人知道丘为何许人也的，可能是熟读《唐诗三百首》的人。《唐诗三百首》中有一篇《寻西山隐者不遇》：

绝顶一茅茨，直上三十里。
扣关无僮仆，窥室唯案几。
若非巾柴车，应是钓秋水。
差池不相见，黾勉空仰止。
草色新雨中，松声晚窗里。
及兹契幽绝，自足荡心耳。
虽无宾主意，颇得清净理。
兴尽方下山，何必待之子。

用白话文说，这首诗就像他的一则日记。

某年某月某日，我去山间拜访一位隐士朋友，想与他谈谈隐逸高趣、清净明理、养生长寿之类的话题。这位隐士朋友在高高的山顶上建了一座茅屋，从山下爬上去足足三十里。好不容易，上得山来，轻叩柴门，竟无童仆回问之声。透过门窗，往里一看，唯有桌案茶几一如往昔，主人和童仆了然无踪。

呵呵，主人不是驾车外出，就是到秋水碧潭钓鱼去了。遗憾啊，遗憾。拜访主人的念头已经很久了，没想到走了这么远的山路，居然未能谋面，殷勤仰慕的心意，只能付之流水了啊。看新雨中青翠葱绿的草色，听晚风中飘入窗户的阵阵松涛。寻访不遇的遗憾，稍纵即逝，片刻即无。这座山顶茅屋，这方清幽境地，足以让我一新耳目，一洗身心，一尽雅兴。宾主之间虽无只言片语的交谈，我已从这方寸之地，感受到清净益生的道理。

想想前人王子猷雪夜访戴，乘兴而来，尽兴而去，何等的任性旷达。今天，我就在这里随遇而安，蜉蝣于天地之间，玩到尽兴，下山归去。至于主人在不在有何要紧，我也没必要在这里等他归来。

王子猷雪夜访戴，是《世说新语》中的故事，说的是王羲之的儿子王子猷居山阴，逢雪夜，忽忆起隐居在剡县的好友戴安道，立时登舟往访，穿越黑夜，黎明始至，到了门口，还没打招呼，又命船夫原路返回。人问其故，王子猷回答说："吾本乘兴而行，兴尽而返，何必见戴？"

我想，《唐诗三百首》的编辑之所以选编这首《寻西山隐者不遇》，可能也是因为推崇他随遇而安、顺其自然的旷达情怀，希望我们这些后世读者能从"期遇而未遇"的诗句中，与这位长寿诗人

"不期遇而遇"、"期遇而未遇"是唐诗中颇为常见的题材场景，多位诗人都写过，我想，编辑让这首诗成为"三百首"之一，也许还希望我们从诗人随遇而安、任性所之、自得其乐的精神世界里，感受到养生长寿之道。

以《黄帝内经》中人有阴阳五类的划分标准，丘为就是五类人中最好的"阴阳和平之人"。他们"居处安静，无为惧惧，无为欣欣，婉然从物，或与不争，与时变化"，"其阴阳之气和，血脉调"，情绪平稳，很少因情绪失调而患情志病。这类人生活安静，内心安宁，无所畏惧，其乐融融，处世谦和，不喜争斗，以理服人，尊重规律，遇事担当，行稳致远，适应变化，与时俱进。

如果丘为不是"阴阳和平之人"，而是"太阴之人"，那就麻烦了，这类人"好内而恶出，心和而不发"，"其阴血浊，其卫气涩，阴阳不和，缓筋而厚皮，不之疾泻，不能移之"，待人处世，不主动，不积极，不乐观，悲悲戚戚，忧郁寡欢，免疫力差，容易气机阻滞，患上抑郁之症。

按照中医的说法，"六十岁，心气始衰，苦忧悲"，六十岁以上的老人，脏腑虚衰，心气衰退，体质虚弱，疾病多发，容易被七情五志中的苦、忧、悲困扰，情志不畅，性情多变，情绪不稳定。

我怀疑，丘为年轻的时候可能就是一个随遇而安的人。不知道"寻隐者不遇"时年龄几何，但我知道他年过不惑才中的进士。四十岁左右，屡试不第的他再一次科举落第，好友王维赠诗《送丘为落第归江东》，悲悲戚戚地说：你囊中空空如也，带着新添的白发，凄凄凉凉一个人回到不过三亩田宅的太湖之滨，我作为有荐贤之责的"献纳之臣"，实在惭愧。丘为在回赠王维的诗中没有那么伤感败兴，反而表示：我还要奋进，不能就这么闲下来，希望我们在黄鹂鸣唱的时候再相见。

情绪稳定、随遇而安的人，不论境遇如何变化，都能处世谦和，摆正位置。丘为年过八十的时候告老还乡，回归为百姓。闻知县令来看他，丘为双手作揖，恭恭敬敬地站在门口迎候。日后，每逢骑马路过县衙，他都下马步行，以示尊重。

我想，这样的人，能活九十六岁，应该不仅仅是基因使然吧。

思虑营营，若丧父母

打动人心的养生之道，两千年之后也能令人会心一笑。春秋时期的思想家庚桑子，一句劝人不要"思虑营营"，就曾长久停驻在康熙皇帝的心头。

庚桑子是老子的弟子，道教祖师之一，四大真人之一，传说中他能视听不用耳目，隐居山林，后登仙而去。

《庄子·杂篇》里讲过一则庚桑子的故事。故事说，庚桑子的弟子羡慕老师的境界，无比恭敬地问老师：我怎样才能达到您的境界呢？

庚桑子答："全汝形，抱汝生，无使汝思虑营营，若此三年，则可以及此言矣。"保全你的形体肉身，守住你的生命，不要思虑重重，心机重重，不要蝇营狗苟，奔波劳苦，三年之后就能达到我说的那种境界。

弟子对自己没什么信心，说：我表面上似乎听懂了，实际上只是勉强入耳。

庚桑子谦虚地说：你没听明白，不是你的禀赋不好，是我水平不行，不足以感化你，你去南方请教我的老师老子吧。

这个弟子背上干粮走了七天七夜，走到老子面前，垂手而立。

老子问他：你从庚桑子那里来的？

这个弟子对师爷回答说：是。

老子反问：你为什么带这么多人同行？

这个弟子下意识地回头看看，身后一个人也没有。

老子接着问：你没明白我的意思吗？老子的意思是，你思虑太重，心里装着太多的人和事。

这个弟子羞愧难当，手足无措，仰面叹息：我不但不知道怎么回答您的问题，心里一急，连此行请教什么问题，也忘了。

老子对他说：你来的时候，我看你眉宇紧锁，就知道你思虑重重。你看看你的样子，"若规规然若丧父母，揭竿而求诸海也"，失魂落魄就像失去了父母，又像举着竹竿探测大海的深度，迷惘而可怜。

这个弟子向师爷请求小住几日，希望得到"卫生之经"，也就是养护生命的常识。

老子说：我知道你想寻找"卫生之经"，我先问问你，你能"抱一"，保持形体与精神的浑然一体吗？你能不丧失天性吗？你能不占卜而知吉凶吗？你能恪守本分吗？你能对消逝的东西听之任之吗？你能"舍诸人而求诸己"吗？你能够无拘无束、自由自在吗？你能忘记智谋而变得憨厚吗？你能洗净污垢像婴儿那样纯真朴质吗？

老子说："至知不谋，至仁无亲，至信辟金。"最大的智慧是不用谋略的，最大的仁爱是不露爱迹的，最大的信义是无须金钱担保的。高贵、富有、尊显、威严、功名、利禄这六种东西都能扰乱情志。容貌、举止、美色、辞理、气调、情意这六种东西都能够束缚心灵。憎恶、爱欲、欣喜、愤怒、悲哀、欢乐这六种东西都能连累道德。舍去、靠拢、贪取、给予、智虑、技艺这六种东西都会堵塞大道。如果你心中没有这四六二十四种东西激荡,不为之思虑营营,你的内心就会平正,平正就会安静,安静就会明达,明达就会虚空,虚空就会无所作为而又无所不为。

这段故事在康熙的心中应该盘桓了很久,触动了他的心绪。晚年,他口述过一本家训,由儿子雍正执笔,名之为《庭训格言》,垂训皇家子孙如何从政处世,乃至于养生。康熙引用庚桑子之言说:"毋使汝思虑营营。"他以父亲的身份对雍正说"寡思虑所以养神""寡言语所以养气"。他提醒儿孙,知道"养神",就知道养生之道,因为我们的形体是生命的器具,心灵是形体的主宰,神志是心灵的会聚。一个人,"神静"就能"心和","心和"就能保全形体。一个人,"恬静养神"就能内心平和,"清虚栖心"就能不诱于外,"神静心清"就不会为肉身所累。

其实,反对"思虑营营",将"谋为过当"视为"养生大患"的,远非康熙一人。苏东坡有一首著名的《临江仙·夜归临皋》就是对"思虑营营"的反思,在这首制造了名句"长恨此身非我有,何时忘却营营"的词中,苏轼写道:

夜饮东坡醒复醉,归来仿佛三更。家童鼻息已雷鸣。敲门都不应,倚杖听江声。

长恨此身非我有，何时忘却营营？夜阑风静縠纹平。小舟从此逝，江海寄余生。

当时，苏轼在黄州已是第三个年头，深秋之夜，他在东坡雪堂开怀畅饮，三更时分乘着三分醉意，信步返回住所，家中童仆鼾声如雷，怎么敲门都喊不醒。这位四十六岁的被贬官员只得独自拄着藜杖，倾听江潮扑岸的声音。深夜，他自嘲地问自己：什么时候才能不"思虑营营"，不再为功名利禄奔走呢？只恨身不由己啊，要是能在这秋夜，驾一叶扁舟，消失于微波荡漾的江面，寄余生于江河湖海，该有多么惬意。

嫉贤妒能，养生毒瘤

养生医药史上最令读书人惋惜的人物，可能非沈括莫属。因为嫉妒，他背叛了自己与苏轼的友谊，举报诬陷昔日的好友，落了个小人的恶名。历史的趣味在于，死后多年，后人未经他们同意，将他们生前各自撰述的中医方药作品，合并为一书，取名《苏沈良方》，把嫉妒者与被嫉妒者又绑在一起。

沈括比苏轼大五岁，中进士晚了六年。南宋王铚在《元祐补录》中记载：沈括出差杭州，与时任杭州通判的苏轼叙旧，抄录了他的新作，回京后，以"诽谤诗句"之名揭发苏轼，引起御史弹劾，酿成"乌台诗案"，苏东坡由此被贬多年。沈括作为嫉贤妒能、告密小人的形象，就此沉淀于苏轼爱好者心中，久久不去。

沈括是官宦世家子弟，父亲、伯父均为进士，家学渊源甚于苏轼。元朝宰相在《宋史》中评价他"博物洽闻，贯乎幽深""博学善文，于天文、方志、律历、音乐、医药、卜算，无所不通，皆有所论著"。

科学史学家、中国科学院外籍院士李约瑟，说他是中国科学史上最卓越的人物。中国科学院紫金山天文台曾将1964年发现的一颗小行星命名为"沈括星"，以示纪念。

沈括自幼多病，少有眼疾，久治不愈，所以在经史哲艺、科学考古之外，也研究医学与养生。沈括的传世之作中，《苏沈良方》就是一部兼谈医学与养生的专著，纪晓岚等人在编《四库全书》的时候评价《苏沈良方》，"其所征引，于病证治验，皆详著其状，确凿可据，……已为世所常用，至今神效"。

纪晓岚等人认为，"方药之事"，"术家"医生能习其技，知其然，不能知其所以然；儒家医生能明其理，知其所以然，但是实践经验不足，方药往往未经试验。《苏沈良方》之所以了不起，卓尔不群，是因为书中方药既经过试验知其效果，又出于知其所以然的"博通物理者之手"，远非其他方药之书可比。简单地说，既有术家医生的经验，又有儒家医生的理论。

《苏沈良方》虽然以两人合作作品的形式留存于世，但非他们两人的本意，后人合编成书也没有征询他们以及他们后人的同意。迄今，《苏沈良方》究竟是何年所编，又系何人所为，尚不清楚，只知道其中十卷是沈括的《良方》，另外五卷是苏轼的《苏学士方》。按说，叫《沈苏良方》更为合适，可能是编者偏爱苏轼，瞧不起沈括为人，就让苏轼领衔了。倘若沈括确如史家所说是个嫉贤妒能的小人，内心将掀起何等波澜？

沈括嫉妒苏轼的说法之所以很多人相信，与王安石以"小人"责骂沈括私德有亏，皇帝评价他"两面三刀"人品堪忧有关。

嫉妒，是一种负面情绪，是一种消极的情绪反应，是一种损人不利己的精神毒瘤。前文说到《黄帝内经》将人按阴阳五类划分，其中与嫉妒有关的"少阴之人",饶有趣味。

少阴之人,妒贤嫉能。他们貌似清正,内心却鬼鬼祟祟、阴险狠毒,站立时躁动不安,走路时弯下腰,好像埋伏在地上。他们的特点是"小贪而贼心,见人有亡,常若有得,好伤好害,见人有荣,乃反愠怒,心疾而无恩"。意思是说,他们有贪图小利的恶习,有害人之心,看到人家受损失,就像自己得了便宜一样高兴,看到人家荣耀,就怨恨恼怒,心怀嫉妒,刻薄寡恩。这类人"多阴少阳""六腑不调",气少而不能统帅血液,阴血脱失、阳气衰败的风险大。

现代医学研究表明,心血管疾病、糖尿病、神经系统疾病等多种病症与嫉妒有关。所以,嫉妒在养生家眼中,是不得不除的养生大患。

卷五

顺应四时

春夏养阳，秋冬养阴

现在都市生活的"80后""90后""00后"淡忘了四时物候的变化。"台北不是我的家，我的家乡没有霓虹灯"，先辈们寒暑易节苦夏冷冬的记忆，已随霓虹灯、空调、反季节瓜果，还有穿越南北半球的国际旅行，消失于并不遥远的过去。

如果荀子还活着，他会说些什么？

荀子对中国人来说，可能是个既熟悉又陌生的人。2000年，中国邮政用他的头像发行过面额2.8元的邮票，邮票上写着"古代思想家"。至于他的思想是什么，甚至他生活在哪朝哪代，很多人都很模糊。

荀子是战国末期赵国人，儒家代表人物之一，比孟子小了将近一个甲子年。考虑到孔孟二人一个是"至圣"，一个是"亚圣"，有人称荀子为"后圣"。

荀子的名字在今天的山东淄博颇为响亮，因为那里正在开发文旅项目：稷下学宫。稷下学宫据说是世界上第一所官办的高等学府，是中国最早的"社会科学院"，"百家争鸣"就是稷下学宫最得意的成就。我们今天要说的荀子就是稷下学宫最后一位大师，以祭酒的官衔主持过学宫的工作。

荀子作为古代思想家的偏门成就之一，就是隐隐约约地提出了"四时养生"。所谓四时养生，就是根据春夏秋冬四时阴阳变化规律，结合我们自身体质脏腑气血特点，调摄情志、节制饮食、规律起居、不妄劳作，以便预防疾病、延缓衰老、延年益寿。

假日，高速飞驰的高铁上，读荀子的《天论》，读得我一愣一愣的。他冷冷地没有感情地说，自然规律就是自然规律，"不为尧存，不为桀亡"，不会因为道德高尚的尧而存在，也不会因为残暴无道的桀而消亡。我们人类，只能顺应自然规律，顺之则吉，逆之则凶。国家也好，社会也好，个人也好，无不如此。顺应自然规律国家就能兴旺，社会就能安定，个人就能健康长寿。一个人，如果能"养备而动时"，保养完备，顺应四时，不违反自然规律盲目乱动，"天不能病"，哪怕上天也不能让你生病。反之，你就无法保全你的生命，水旱未至你已遭受饥荒之苦，寒暑还没迫近你已遭遇疾病折磨。这时候，抱怨上天是没有用的，谁叫你不顺四时、不尊重自然规律呢？

荀子肯定地对同时代的人说，顺应四时变化，尊重自然规律的人，就是明白"天人之分"的人，就是洞察天命的"至人"，相当于后人所说的科学家。

荀子还说，"千人万人之情，一人之情是也"，人与人差别再大，终究同属人类，差别能大到哪里去呢？若能认识到人的本质，我们"以人度人，以情度情，以类度类"，就可以不听而闻、不视而见、以一知万，为什么非要亲身体验才能点头、摇头呢？

掩卷而思，我不明白，为什么朱熹那么瞧不起荀子，把他的学问说得粗鄙不堪，如下里巴人？比较而言，研究四时养生的人，常常高看他一眼，动辄引用他的句子，说明四时养生为什么是好的是对的。

其实，荀子也不是生而知之，对四时养生的看法，早在夏商周三代就萌芽了。周王室的医生们说，春季易发"痟首疾"，夏季易发"痒疥疾"，秋季易发"疟寒疾"，冬季易发"嗽上气疾"，疾病的发生有四时变化的季节性规律。作为群经之首的《周易》，就言之凿凿地说，顺应四时才是正确的养生之道。我们今天熟悉的成语"颐养天年"中的"颐"字，就出自《周易》。原文说："颐，贞吉，养正则吉也。观颐，观其所养也。自求口实，观其自养也。天地养万物，圣人养贤以及万民。颐之时大矣哉。"即使我们看不懂这段话，也能猜出是顺应自然、四时养生、颐养天年的意思。

我们今天所说的四时养生，还不仅仅是四季养生，还有朝、昼、夕、夜一日四个时段的含义，这要归功于《左传》。它把天子一天的时间划分为四时，"朝以听政，昼以访问，夕以修令，夜以安身"。意思是说，天子每日按照四个时段饮食起居，"节宣其气"，才能健康不生病。否则就会"兹心不爽，而昏乱百度"。

所有这一切，都为《黄帝内经》四时养生理论的问世奠定了基础。今天，我们一说四时养生，马上就会从《黄帝内经》中寻章摘句，还因为《黄帝内经》犹如"四时养生"的宪法，理论框架一目了然。四时养生的理论基础有三个：阴阳应象、藏气法时、生气通天。四时养生的起点是"法于阴阳，和于术数"，终点是"阴平阳秘，精神乃治"。四时养生的原则是，春夏养阳、秋冬养阴，知宜知忌、辟邪防病、顺时适变、调养脏腑。四时养生的方略是，春养生，夏养长，秋养收，冬养藏。

有了《黄帝内经》这部经典，魏晋南北朝之后，一直到清代，四时养生在历代医家、养生家的研究中推陈出新，越来越接近于日常生活，比如四时养老、四时导引、四时饮食、四时宜忌、四时用药等新的命题，四时养生的内容也延伸到精神调摄、脏腑调摄、起居调摄、饮食调摄、运动调摄、服食调摄、药物调摄、疾病预防等，蔚为大观。

这一切，就不是荀子在世时可以理解、可以预见的了。

时至今日，有脑卒中病人的家庭，已经清楚地知道发病与季节、气候的关系；担心脑卒中的人群，也在背诵"春避风，夏避暑，秋避湿，冬避寒""顺应时气，谨察阴阳"，求四季平安。

不时不食，应时而食

脱离时代背景，解读古代养生名言，容易犯想当然的错误。比如，饭桌上耳熟能详的"不时不食，应时而食"。

今天，我们说"不时不食，应时而食"，往往是说什么季节吃什么菜，不要吃反季节的菜。言毕，还要加一句，"中医说""袁枚说""谁谁谁说"。

其实，"不时不食"最早是孔子说的，说的也不是反季节蔬菜。孔子的原意是，按时吃饭，不到吃饭的时间点不能吃饭。孔子重礼，不时不食也是一种规范社会秩序的礼。孔子的时代一天只能吃两餐，一餐是朝食，一餐是暮食。孔子时代没有温室大棚栽培技术，还没有反季节食品，吃的都是应季的蔬菜瓜果，如果有反季节蔬菜供应，食物充足，人们也许就不会吃两餐了。

那么，"不时不食，应时而食"完全是今人穿凿附会吗？也不是！我们的传统饮食养生观念中确有类似的言论，《黄帝内经》中就曾郑重其事地提出人应顺应天时以养五脏六腑。

东汉和熹邓皇后曾下诏，禁止采用提高地温等非常手段，栽培反季节蔬菜瓜果。诏书说，这些反季节的"新味"，"或郁养强熟，或穿掘萌芽，味无所至而夭折生长"，早熟生长，口感不佳，东西还是那个东西，味道不是那个味道，违反了"顺时育物"的天道。诏书还引用《左传》的话说"非其时不食"，不是时令蔬菜一律不吃。皇后在诏书中斩钉截铁地说：从今往后，无论是特供皇帝皇后，还是祭祀先帝，都必须用当季蔬菜瓜果。

这封诏书距离《黄帝内经》的诞生至少三百年，《黄帝内经》不时不食的观念早已深入人心。《黄帝内经》认为人的生命活动与天地的阴阳变化是息息相通的，所谓"人与天地相参也，与日月相应也"。"天食人以五气，地食人以五味。五气入鼻，藏于心肺，……五味入口，藏于肠胃，味有所藏，以养五气，气和而生，津液相成，神乃自生。"

古代养生家谈及美食，没有人脱离不时不食的理论，从正面说，"春气温，宜食麦以凉之；夏气热，宜食菽以寒之；秋气燥，宜食麻以润其燥；冬气寒，宜食黍以热性治其寒"。从反面说，"春不食肝，夏不食心，秋不食肺，冬不食肾，四季不食脾"。清代美食家袁枚据此拟定了一份传世的《随园食单》，他说"三月食鲥鱼是也"。

为什么三月食鲥鱼呢？鲥鱼本来游弋于大海，暮春三月游至江河，产卵淡水，夏末归海。每年如此，来有时，归亦有时，故谓之"鲥鱼"。三月的鲥鱼，吃起来犹如咀嚼春天，烂煮春风三月初。过了三月，鲥鱼的骨刺就会变硬，挤入江南文人口中的"五恨"，不再讨人喜。

暮春三月，是《黄帝内经》中发陈出新，生机勃勃，万物生长的时节，五行属木。木遇春而旺，古代养生家认为三月是养肝的好时节。所以，袁枚说三月食鲥鱼正当其时，一则骨软，二则养肝。

今天，当我们偶闻两人对话，一人感叹"不时不食，应时而食"，另一人赞叹言之有理，也许不是因为笃信五气五味五脏四时养生的传统观念，而是因为口感、直觉告诉他们，反季节瓜果往往不如应季瓜果甜美。如此口感、直觉没有偏离现代科技，反季节瓜果由于光照不如应季瓜果充足，糖分会少，营养会少，口感也的确会差。

孝亲养老，不逆春夏

中国养生著作中，有一本宋元两代人接力续写的养生名著，为老人如何适应四时寒暑之变颐养天年费尽心思，遗憾的是，文言文像座大山，阻隔了今日老人的视野，难以一睹为快。

这本书有两个名字，第一个书名叫《养老奉亲书》，作者叫陈直，是一位宋代县令，史书上没有他的传记，生平难以考证。但我们从他的文字中可以洞见他的温柔敦厚贤良。他说老人，就是"眉寿之人"，"形气虽衰"但"心亦自壮"，人老心不老，想吃什么想干什么，儿孙要是好意阻止，他就会生气，"等闲喜怒，性气不定，止如小儿"，喜怒无常，像个孩子，说闹就闹。

这本书问世以后，元朝一位掌管行宫的行政长官，与时俱进，续增文字，又取了一个书名《寿亲养老新书》，几百年后进入清代才子纪晓岚的法眼，被清宫列为"御医秘籍"。

这位行政长官名邹铉，曾祖父是南宋状元，做过参知政事，他没有从先祖那里继承遗志，却站在北宋医家陈直的肩膀上推陈出新。

邹铉以《黄帝内经》《千金要方》等上古医书，充实了原著，又以"孝亲"为灵魂，以天人感应、五行生克、阴阳平衡等古代医说，佐之以名人名言养生案例，生发出以德养生、孝亲养老、四时养生的新思想，意即，延年养生，延年贵在子孝孙贤、儿孙绕膝的天伦之乐。

人家说得好，写得好，做得也好。邹铉五世同堂，一家高寿，父慈子孝，老幼仁爱，皆至耄耋之年，本人也以八十四岁高龄无疾而终。

这本书倡导四时养老，根据《黄帝内经》四时养生的理论，针对老人的实际情况，提出了很多老人四时摄养的具体方法，"依四时摄养之方，顺五行休旺之气"，恭敬地、欢喜地侍奉老人，毫不懈息。

书中说，春季摄阳，应该让老人心情舒畅，外出踏青游春，到亭台楼阁放眼远眺，或者去花木繁盛之处以畅生气，万万不可让老人独自在家中，心生郁闷。

书中还说，盛夏之际，最难养生，阴气内服，暑毒外蒸。孝敬老人，殊为不易，凡是檐下的过道、穿隙破窗之处，都不宜休息纳凉。生冷肥腻的东西也不适合吃，容易损伤脾胃。瓜果虽好，也要根据身体的虚实情况少吃为宜。酷暑之际，儿孙如果能让志趣相投的老人们欢聚一堂，品茗观花，谈古论今，消去酷热，也是一个值得一试的养老良方。

简而言之，寿亲养老，顺应四时，不逆春夏。

同在元朝，全真七子的灵魂人物丘处机，也为老人写了一本专门论述四时养生的著作《摄生消息论》。

"摄生"，就是养生。

"消息",就是随着时间的变化而消长。

《摄生消息论》,就是告诉大家如何跟随春、夏、秋、冬的四季变化调节养生。

其实,全真教原来是讲究苦修的,但是,苦修对老百姓没有吸引力。苦修折寿。王重阳寿命不长就与他苦修有关。丘处机醒悟了,没有继续走苦修的路。是的,芸芸众生,最喜欢的还是养生延年,而非苦修折寿。

秋冬进补，来年打虎

昔日小报小刊言慈禧养生，饮初母人乳，倍感不适。今看清宫历史文献，未见人奶养生，但见满族人参，汉族菊花，或为补药，或为膏方，以满汉全席收养生之效。

长白山人参，系"东北三宝"之首，自东晋始，即有满人向汉人赠人参的传统。人参，在汉人文化中被视为大补，是安神益智、生精祛病、延年益寿、起死回生的灵丹妙药。

《清宫医案》记载，光绪二十七年九月，慈禧取用人参的账簿："寿康宫药房首领荣，八月陆续领取，……计三百三十一天，共用噙化人参二斤一两一钱。今问得荣，八月皇太后每日噙化人参一钱，按日包好，俱交总管郭永清，太监秦尚义伺候。谨此奏闻。"

慈禧食用人参的主要方法，是"噙化"。噙化，就是将人参噙在口中慢慢含化，或咀嚼含化。《清宫医案》记载的帝王和宫廷人员使用人参者人多量大。皇帝、后妃的脉案中，有不服人参者稀少。

人参，是慈禧服用药方中，使用频率最高的药物之一。除了人参，茯苓、白术、当归、白芍、砂仁、香附都是慈禧药方的主药。

据称，人参并非慈禧最喜之物。她最喜欢的是菊花延龄膏。中年之后，菊花延龄膏乃慈禧每天不可缺少的膳食。

菊花延龄膏，是今天一个广为人知的膏方。光绪三十一年十一月初二，慈禧脉案记载："老佛爷脉息左关弦数，右寸关洪大而滑。肝经有火，肺胃蓄有饮热，气道欠舒，目皮艰涩，胸膈有时不畅。"简单地说，就是慈禧肝火目疾，眼睛不舒服。

《神农本草经》将菊花列为上品，认为"久服利血气，轻身，耐老，延年"。御医张仲元、姚宝生为慈禧拟菊花延龄膏方，方中只有一味药：鲜菊花瓣。察其制法，也很简单，用水熬透，去渣，再熬浓汁，少兑炼蜜收膏。每服三四钱，白开水冲服。

请注意时间，这个膏方的炼制应该在农历十一月初二后几日，正是寒冬季节。古时医谚说："冬季膏方巧进补，来年开春能打虎。"听上去似乎有点儿夸张，却合乎秋冬养生之理。

为便于保存，慈禧经常服用的补益药一般都制成膏剂，有的还循经取穴，贴敷肚脐和腰部，以增强免疫力、抗病抗寒。

将补益药制成膏剂，是中国药物养生膏方养生的传统。今人谈起茯苓膏必谈苏辙，说服用茯苓草药是他的创举。苏辙曾作《服茯苓赋》，赞叹茯苓"经历千岁，化为琥珀。受雨露以弥坚，与日月而终毕"，他相信茯苓具有"安魂魄而定心志"的功能。他说服食茯苓，能让他感到"神止气定，浮游自得"，有"乘天地之正，御六气之辨，以游夫无穷"的仙人一般的快感。

慈禧没有苏辙的文采，说不出服用膏方的神仙感受，只知按御医膏方颐养天年。她活了七十四岁，两度垂帘，两次训政，专执国政四十七载，以皇帝规格尽享哀荣。究其一生，精于治术，昧于大势，终而为我们留下若干药物养生膏方、养生的档案，于国于民，幸抑或不幸？

至于慈禧饮初母人乳，是笔记小说、文学作品中的情节，翻阅档案，未见中医界研究人员提及，此说当为泼墨慈禧的无稽之谈。后人议慈禧饮用人奶，或因中国史书上有过剥削阶级饮用人奶以增寿的记载。《史记》中说，刘邦的丞相张苍年迈无齿，纳妾百余人，食乳，女子为乳母，享年一百多岁。

春寒赐浴华清池

唐明皇与杨贵妃沐浴华清池,白居易《长恨歌》曰:"春寒赐浴华清池,温泉水滑洗凝脂。侍儿扶起娇无力,始是新承恩泽时。"为温泉养生做了一千两百多年的广告。尽管唐明皇的养生之术远不止泡温泉,但是今人述其养生之术,很少有人不说他春寒泡温泉。

其实,唐明皇时代温泉养生不是普通人想养就养的,而是皇家春季养生特权。温泉者,自然之经方,天地之元医,金贵得很。唐明皇有时候会作为赏赐,让杨贵妃的姐妹,或者宠臣享受一二。臣下徐安贞就感激涕零地写过一首感恩诗:暖气随明主,恩波浃近臣。灵威自无极,从此献千春。

唐明皇古稀之年看上去就像知天命之年,七十岁的老人面如五十岁,精力充沛,之后以七十八岁高龄崩于长安。

唐明皇的长寿,与他的基因,与他少时习武、热爱体育、喜打马球、身体强壮,与他作为诗人、音乐家、书法家的雅好情志可能都有关系,至于与泡温泉关系多大,就难以言说了。虽然如此,在他身后,写温泉养生的诗句,以他为典故者俯拾皆是。明末才子钱谦益在黄山泡温泉欲醉欲仙,叹息爱妻柳如是遗憾错过,特赠柳如是四首绝句，其二为：

山比骊山汤比香，承恩并浴少鸳鸯。
阿瞞果是风流主，妃子应居第一汤。

柳如是收到赠诗当即和了四首遥寄夫君，其三为：

睡眼蒙眬试浴身，芳华竟体欲生春。
怜君遥喫香溪水，兰气梅魂暗着人。

温泉养生，在清代称之为"坐汤养生"，今人称之为"汤泉疗法"。清代皇帝和贵族从东北到北京，崇尚坐汤养生，强筋壮骨。历代皇帝的起居注及脉案中都有坐汤养生的记载。《清宫医案》中记载，孝庄太皇太后晚年，倘若隔些日子不去汤泉坐汤，就感到筋骨经络不舒服。所以康熙经常亲自挽辔扶辕服侍她去汤泉驻跸多日。

民国时代，南京汤山温泉热闹一时，有"千年圣汤，养生天堂"之美誉。早在晋代，《吴郡录》记载如今汤山一带："有汤山，出温泉二所，可以治疾。"梁武帝之母患皮肤病，拜汤山温泉而痊愈。梁武帝感恩，封汤山温泉为"圣汤"。

于今，一口气说得出疏通经络、协调脏腑、通行气血、活血化瘀、消肿止痛、祛风散寒、濡养全身的人少之又少，但如唐明皇般洗温泉利养生已成大众生活常识。只是鲜有大众能有宋代诗人钱时的才情，寥寥四句就能道尽汤泉养生的喜乐之情：

京尘满面更新晴，暖得人来分外春。
手掬温泉聊一洒，先生元是出尘人。

内养正气，外慎风邪

很多道理的领悟需要年龄的加持。多年前看张仲景"顺应四时，适应寒暑，内养正气，外慎风邪"的养生观念，觉得区区十六字，只是中医典籍中的寻常话语，待年过不惑，偶染风寒，思养生之道，渐觉字少意长，古人不欺今人。

张仲景是河南南阳人，诸葛亮的同时代人，出身于没落的官僚家庭，少读医书，倾慕扁鹊。有人跟他说"君用思精而韵不高，后将为良医"，意思是敏而好学但没有官家气质，但日后将成良医。

岂料人过中年，张仲景却因官僚家庭出身、博学多才、孝顺父母、行为清廉，被地方官举为孝廉，当上长沙太守。当时官不入民宅，他就择日端坐大堂看病，其后，坐在药铺看病的医生统称坐堂医生，即由此而来。

张仲景在他的传世名著《伤寒杂病论》的序言中，批评当世之人，疏于医药，不懂治病，也不知道关心自己的健康，只知道"竞逐荣势，企踵权豪，孜孜汲汲，惟名利是务；崇饰其末，忽弃其本，华其外而悴其内。皮之不存，毛将安附焉"。

近两千年后，我们都能从这段序言中读出一股恨铁不成钢的气愤。功名利禄皆是"末"，健康长寿才是"本"。不要健康，名利又有何用？健康与名利的关系不就是皮与毛的关系吗？皮之不存，毛将焉附？

张仲景自己非常重视养生保健，每日晨起之后，夜卧之前，都要做导引、吐纳。每次用餐之后，必漱口、按摩腹部，使脏腑经络气血流畅。

古代医书中，张仲景最喜《素问》。《素问》说："夫热病者，皆伤寒之类也。"又说："人之伤于寒也，则为病热。"张仲景据此认为，伤寒是一切热病的总名称，一切因为外感而引起的疾病，都可以叫作"伤寒"。

"若人能养慎，不令邪风干忤经络"，就能防止伤寒。张仲景说，五脏正气充足、经络畅通是人体健康的根本。如果不懂得养生，病邪或从经络、或从皮肤入侵人体，就会生病。夏天喝冷饮、吹冷风、喝冰啤酒的人，按照张仲景的说法，就是不能"养慎"的人，是无视"虚邪贼风"侵袭的不懂养生之人。

注重"养慎"，就是"内养正气，外慎邪气"。张仲景认为"内养正气，外慎风邪"是养生之根本。他说，人的脉象会因气候发生变化，"春弦秋浮，冬沉夏洪"，气候变化剧烈或者人体正气不足时，则会导致疾病。所以，张仲景明示我们要"顺天养生"，顺应四时，适应寒暑，避免"虚邪贼风"的侵袭，"不令邪风干忤经络"，"保身长全，以养其生"。

我想，有的名中医提醒现代人，养生不可忘却"虚邪贼风，避之有时"的古训，应该就是这个道理。

四季调神，叩齿咽津

东汉方士皇甫隆年过百岁，仍然耳聪目明、强壮有力、脸色红润，靠的是什么养生之术？

这个问题，是曹操问的，记载于"药王"孙思邈的《千金要方》。

皇甫隆做过太守。"挟天子以令诸侯"的曹操谦卑而客气地给皇甫隆写了封信，说：您"年出百岁，而体力不衰，耳目聪明，颜色和悦"，太了不起了，真乃"盛事"。接着，话锋一转，问皇甫隆：您"所服食施行导引"的方法能告诉我吗？"若有可传"的养生之术，拜托您"密示封内"，详细地写下来，装进信封，密封起来，寄给我学习。

答案，在孙思邈的《千金要方》中写得很清楚，就是"炼精"。

皇甫隆不但向曹操报告了自己"服食施行导引"的方法叫作"炼精"，还诚实地说明"炼精"养生之法并非自己原创，而是向另一个修道者学的。

皇甫隆说："臣闻天地之性，惟人为贵。……当朝朝服食玉泉，琢齿，使人丁壮有颜色，去三虫而坚齿。玉泉者，口中唾也，朝旦未起，早漱津令满口，乃吞之，琢齿二七遍，如此者，乃名曰炼精。"简单地说，就是每天早晨醒来，还没起床，就漱口，待滋生一口唾液，就徐徐吞下，再叩击牙齿若干遍。如此这番，就能体壮、齿坚、面色红润。

由这段短文可见，古人对唾液非常重视，视为"玉泉"。这种养生保健之法，在古代，就是"叩齿咽津法"。

叩齿咽津法在《黄帝内经》中是有依据的，"精"处于"肾"中，肾中的精气盛，牙齿就不容易脱落。叩齿对牙齿形成的刺激，可以让肾中精气变盛，叩齿生成的唾液咽入腹中，既能补益肾之精气，又能调养脏腑功能。

孙思邈之所以记下曹操与皇甫隆的通信，就是因为他本人极力推崇咽唾术，深信"白玉齿边有玉泉，涓涓育我度常年""晨兴漱玉津，可祛病益寿"。

日后，苏轼、乾隆都将之视为导引养生之术的组成部分，勤加练习。

道家名家、养生家丘处机的养生专著《摄生消息论》中说，叩齿漱津最好发生在秋季三个月，有助于明目。他说："又当清晨，睡觉（醒来），闭目叩齿二十一下，咽津，以两手搓热熨眼数次。多于秋三月行此，极能明目。"我想，丘道长此番言论，可能源自《素问》的"四气调神大论"，来自"秋天养收"的四时养生理论，通过叩齿漱津，收敛神气，清降肺气，避免秋天肃杀之气的侵害，适应秋气的养收之道。

而今，在民间，叩齿吞津也颇受一部分人的喜爱。偶尔，我会听人说:"朝暮叩齿三百六,七老八十牙不落。"至于能流利地说出这句谚语的人,是否知道丘道长的秋季养生理论,我就不得而知了。

不觅仙方觅睡方

人说陆游养生，常道饮食养生。然而，就影响力而言，人们记住的陆游养生名言可能是"不觅仙方觅睡方"，午睡养生之妙不可言。

陆游是南宋诗人，浙江绍兴人，鲁迅同乡，八十五岁留下绝笔诗《示儿》，一句"王师北定中原日，家祭无忘告乃翁"，成就了爱国诗人的历史形象。陆游广为人知的逸事，是他与表妹唐婉伉俪相得、琴瑟和鸣，却被母亲强行拆散，迫其离异的故事。七十五岁时，陆游重游沈园，思念表妹，伤心泪下，写《沈园二首》，成就文学史上"绝等伤心之诗"。陆游感情细腻，于美食养生亦有常人难以体会的心得。

"不觅仙方觅睡方"是他《午梦》诗中的一句：

苦爱幽窗午梦长，此中与世暂相忘。
华山处士如容见，不觅仙方觅睡方。

这是陆游五十二岁那年春夏之交，作于成都的一首小诗。诗中所谓"华山处士"，指的是五代时期隐居华山云台观的道士陈抟。《宋史》之《陈抟传》说他可以一睡"百余日不起"，以睡方、睡功传道。寻常人遇到华山处士这样的得道仙人，多半会问仙方，而陆游在幽静小窗，午梦悠长时，深感人间繁华熙熙攘攘，无非浮梦一场，所以，如能见到华山处士，一定向他寻觅香甜的睡方。他在《睡起》诗中说："不恨无人到野堂，惟将美睡答年光。"

陆游的睡眠诗多达七百余首，注重睡眠是古人养生的经验，午睡一刻值千金，是古人睡眠养生经验中的经验。

午睡，在古人的时间表上，是十二时辰中午时的小睡。"午时"小睡，也就是上午十一点至下午一点的小睡。古人将午睡称为昼寝、午枕、午梦。古人重视午睡，特别是长夏午睡。他们认为长夏时节阳气最盛，午睡是"阴平阳秘、阴阳平衡"的养生方式。

苏州园林中的退思园，有一个寓意夏日午睡的菰雨生凉轩，轩亭中有一方硕大的镜子，镜子下面是一张竹木卧榻，人卧榻上，但见池水倒映，鱼虾嬉戏，犹如睡在池塘的水面上，看周围绿树成荫，假山怪石，鸟语花香，酣然入梦，何等快哉？

明朝太医刘纯就曾说"饭后小憩，以养精神"。不仅中国，南欧国家也有午睡习惯，西班牙商家甚至会关门午休。哈佛医学院等大学研究人员2023年在《睡眠健康》上发表论文称，午睡或可减缓大脑随年龄增长而萎缩的速度。

午睡的好处，可能是人类进化过程中自然形成的自我保护机制。起初，人类生活在暖热地区，需要通过户外劳动维持生存，正午热浪袭人，离开户外躲避热浪是人类的自然选择。上古人类困了就睡，不会有预防冠心病、顺应四时、阴阳平衡、十二时辰养生的观念，也不会有避暑消夏、悟道养生的文人画。

　　元代画家刘贯道有一幅现藏于美国的《消夏图》。画上，一人解衣光脚，袒胸露肩，斜卧于榻上，养神于园中。若无芭蕉、梧桐、竹子和乐器穿插其间，焉知午睡消夏之人原系文人雅士？

暮无饱食，不得夜食

李白春夜于桃李园与从兄弟夜宴，感叹浮生若梦，为欢几何。苏轼秋夜携酒与鱼与友人复游于赤壁之下，梦一道士，羽衣翩跹。《红楼梦》中，贾宝玉生日当晚，群芳夜宴怡红院，行"占花令"，热闹非凡。凡此种种，无不予人夜宴之美。然而，养生家不喜夜宴，不喜夜食。回望历史，至少在一千七百年前，养生家就明确劝诫世人"不得夜食"。

在我的阅读视野中，最早反对夜食的是东晋高僧支遁。魏晋时代，玄学流行，名士清谈，蔚然成风，支遁也以佛经为清谈之资，步入清谈之列，《世说新语》所载支遁清谈逸事多达四十余条，"书圣"王羲之就很喜欢与他清谈老、释、庄子及《逍遥游》。

支遁五十三岁去世，谈不上长寿，却编撰了一部养生类中医著作《太清道林摄生论》，谈的是养性防疾、按摩导引、服气内观、起居调摄、四时宜忌等养生延年之术。唐代"药王"孙思邈在《千金要方》中也转述改编了其中一部分文字。比如，支遁说："人不得夜食，……食欲少而数，不欲顿多，难销也。……善养性者，先饥而食，先饥而饮。"孙思邈则说："善养性者，先饥而食，先渴而饮。食欲数而少，不欲顿而多，则难消也。……人不得夜食，……

一日之忌,暮无饱食。"

一千三百余年后,清代名相张英告诫子孙,切勿夜食。他说"安寝乃人生最乐""冬夜以二鼓为度,暑月以一更为度"。他觉得"长夜酣饮不休,谓之消夜"的说法很可笑,人白日辛劳,夜则安寝,有滋有味,为什么要拿"夜"来"消遣"呢?

古人不喜夜食,通常与十二时辰养生有关。古人认为,子丑寅卯辰巳午未申酉戌亥十二时辰对应十二经脉。夜晚十一点至次日凌晨一点为子时,胆经当令"值班",气血流注于"足少阳胆经",此时饮酒品菜耽误睡觉,阻碍阳气的生发。凌晨一点至三点为丑时,肝经当令"值班",此时吃喝有损肝脏疏泄功能。凌晨三点到五点为寅时,肺经当令"值班",肺朝百脉,辅心行血,此时夜食,妨碍气机调节、气血分配。

徽州农村有句俗语:"早餐是给天吃的,中餐是给人吃的,晚餐是给鬼吃的。"我想"鬼食"可能源自佛教"日暮鬼神食"之说。现代生活不同于古代,夜间加班、聚会,偶尔有之,防止胃空吃些食物未尝不可,但不能吃得太久、太晚、太饱。

卷六

燕闲清赏

诗是吾家事,吟诗解蹉叹

郭绍虞先生所辑宋人《古今诗话》中,讲过一则"杜诗愈疾"的逸事:

杜少陵因见病疟者,谓之曰:"诵吾诗可疗。"病者曰:"何?"杜曰:"'夜阑更秉烛,相对如梦寐'之句。"疟犹是也。又曰:"诵吾'手提髑髅血模糊'。"其人如其言,诵之,果愈。

意思是说,某日,杜甫见到一个疟病患者,见他痛苦不堪,无法自拔,建议他诵诗疗病。杜甫说:你就背诵我的诗句"夜阑更秉烛,相对如梦寐"和"子章髑髅血模糊,手提掷还崔大夫"。患者听了杜甫的话,照做,之后果然痊愈了。

这样的逸事,自然有人不信。葛立方在《韵语阳秋》中评论道:杜甫自己也患过疟疾,他在诗中说自己:"患疠三秋孰可忍,寒热百日相攻战。"他还在诗中说:"三年犹疟疾,一鬼不销亡。隔日搜脂髓,增寒抱雪霜。徒然潜隙地,有脚屡红妆。"你都病成这样了,为何不自诵其诗,治疗自己的病呢?所以,葛立方感慨地说,诵诗治病这样的事"灵于人而不灵于己",对别人灵验,对自己不灵验。

今人读到这则逸事，大可付之一笑，但是，沉浸于诗歌有益于身心健康，有益于养生，喜欢作诗热衷养生的人，于此应当感同身受。

杜甫是个病号。这位生逢乱世、漂泊流亡、贫病交加的"诗圣"，留给我们的不仅仅是"三吏""三别"这样忧国忧民的"史诗"，还有悲叹病痛的"病诗"。我们今天能够看到的杜诗，大略一千四百余首，每十首之中至少有一首是咏病之诗。

杜甫的后半生，是与疾病缠斗不休的半生。他有肺病、风疾、糖尿病等等。苦于疾病的杜甫，人到中年，就不时显露出形容枯槁、手脚不便、步履蹒跚的病态。像糖尿病这样的"消渴"之症，对一千两百多年前的杜甫的折磨，是今日糖尿病患者难以想象的。且不论医疗条件的差异，穷困少米的杜甫应对风痹、耳聋、高血压之类并发症的生活条件，大概率不如今日低保户，以至于杜甫今天感叹"老妻忧坐痹，幼女问头风"，明日自怜"此身飘泊苦西东，右臂偏枯半耳聋"。

与同时代的文人士大夫一样，为了战胜疾病，杜甫研究养生，种植草药，重视丹药。杜甫曾经千里迢迢，渡过黄河，登临王屋山，寻访道士华盖君，怎奈华道士已经仙逝，不得不惆怅而归。就学道修仙而言，李白比杜甫痴迷得多。李白好神仙，自己炼制过丹药，曾经皈依一位道士，接受过"道箓"的入教仪式。745年，三十四岁的杜甫在山东见到四十五岁的李白，看心目中的偶像痛饮狂歌、虚度时日，很心疼，当即赠诗一首：

秋来相顾尚飘蓬,未就丹砂愧葛洪。

痛饮狂歌空度日,飞扬跋扈为谁雄。

言下之意:老哥,不要沉醉于飞扬跋扈、人前称雄的梦想,别为官家的事费心神伤,咱们还是追随东晋道士、养生大家葛洪修仙学道、炼制丹药吧。

很难说,学道炼丹对杜甫对抗疾病究竟有没有意义。但我们可以肯定地说,作诗是他的精神养生法,是杜甫对今人养生的启发。

作诗,对杜甫来说,堪比信仰。生前,他对儿子说:"诗是吾家事",是我杜家的祖传手艺,你要做孝顺儿孙就要认真学习作诗继承诗家大业。说起祖父杜审言,杜甫也曾骄傲地说"吾祖诗冠古",超越了古人。话虽夸张了些,亦非毫无依据地吹牛。

今天,我们一说到诗歌创作,就容易笑话乾隆,说他一生留下诗文四万余首,除了"一片一片又一片,两片三片四五片。六片七片八九片,飞入芦花都不见"之外,几乎没有一首传世名作。

写诗,没有为乾隆留下诗名,却成就了他吟诗作赋、陶冶性情的养生之法,对他保持审美的人生、延年益寿都功莫大焉。

十五好剑术，遍干诸侯

李白"喜纵横术，击剑为任侠"，一生仙游，宝剑不离身，喜欢在静寂的月夜，饮酒赋诗，载歌舞剑。终其一生，都是一位体育爱好者，击剑舞剑，陶冶情志，养生健体。

如果时光倒流，李白腰佩宝剑，站到你的面前，你可能忍不住赞美他英气豪迈、器宇轩昂，问他养生之道。

李白的养生之道，就在他的佩剑之上。

李白是道家，和杜甫一样，都崇敬东晋养生家、道士葛洪，醉心于丹药成仙。他一生仙游，遍访炼丹名师，学习炼丹秘方，曾有诗云"吾将营丹砂，永与世人别"。无论他有多么兴奋，丹药养生给他一生的益处，可能远不如舞剑养生。今天，有人怀疑李白之死，是服食丹药中毒而死。

于我，李白的养生乏善可陈，唯一可说的当属舞剑，仗剑仙游，且游且舞。

李白出身于富裕之家，自小骑马练剑。自二十岁出川，到六十二岁病逝于安徽当涂县，他一生的大多数时光都在仗剑仙游中度过，写下名句"举头望明月，低头思故乡"的时候，身上可能还挂着一柄佩剑。

三十四岁的时候，李白在襄阳，投赠诗文，拜访时任襄州刺史、荆州长史、山南东道采访使韩朝宗，展示"愿为辅弼，使寰区大定，海县清一"的远大抱负，希望获得接见和称誉，再得到他的推荐。区区一句"生不用封万户侯，但愿一识韩荆州"，立刻打动了韩朝宗。两人见面之时，李白"高冠佩雄剑，长揖韩荆州"，头戴高冠，腰佩雄剑，以文武双全的非凡气概，走到韩朝宗面前。

对李白来说，这是一种习惯。李白自己说，忆往昔，"风流少年时，京洛事游遨。腰间延陵剑，玉带明珠袍"。哪怕是到洛阳游玩，穿着玉带明珠袍，腰上还要挂一把延陵剑。所以，李白在给韩朝宗的自荐信中，坦言自己"十五好剑术，遍干诸侯"。李白的剑术怎么样？《宣和书谱》中点赞过：及长好击剑，落落不羁束。

李白没有告诉韩朝宗，他年轻的时候闯荡江湖，面对泼皮无赖的纠缠，曾有过怒发冲冠拔剑四起手刃多人的历史。李白写过一首《侠客行》，内有一段叙事："十步杀一人，千里不留行。事了拂衣去，深藏身与名。"看似写燕赵侠士，不少人认为写的就是他自己的人生经历。

我没有看过李白写舞剑的诗，但是通过杜甫，我们知道，李白同时代的人是舞剑的。最著名的当属杜甫诗中的公孙大娘，她善舞剑器，无人能比。杜甫在少年时代，看过公孙之舞，曾赋诗《观公孙大娘弟子舞剑器行》："昔有佳人公孙氏，一舞剑器动四方。观者如山色沮丧，天地为之久低昂。"耀眼的剑光，好似后羿射落九个太阳，那公孙大娘身形真是矫健啊，如天神驾着游龙翱翔于蓝天。

数百年后,有位明代养生家感慨地说,今无剑客,世少名剑,人知佩刀而不知佩剑。他鼓励以剑为养生之物,悬之高斋,紫电白虹,荧荧夜光,虽不能御暴敌强,亦可壮怀志勇。

牡丹不解语，清赏可养生

一千三百年来，古今谈养生长寿者鲜有人忘记武则天的寿数。截至今日，研究武则天长寿之道的文章已不胜枚举，说坐禅静坐者有之，说性命双修者有之，说琴棋书画者有之，说服药保健者有之，说歌舞音乐者有之。我想说的是喜爱牡丹，赏花怡情，或许也是她的养生秘诀。

武则天由一个没落的豪门贵族之女，晋升为皇后，继而创建周武王朝，登基称帝，人呼万岁，最终归葬陕西乾陵，以巨大无字石碑定格了八十二年的人生。

武则天的老家陕西并州花圃众多，牡丹花开得非常特异。武则天当皇后的时候，常常感叹皇家花园的花总是缺了点儿什么。传说中，她下令将故乡牡丹移植到皇家花园。由此，京国牡丹，富贵盈天，日月浸盛。

武则天抬升了牡丹花的历史地位，她爱花、爱牡丹，不是叶公好龙的假爱，是真爱。她自号"督花大王"，"所有上林苑、群芳圃各花，每于早晚，俱令宫人加意浇灌，百般培养"。因为特别喜欢牡丹，尤加爱护，"冬日则围布幔以避严霜，夏日则遮凉篷以避烈日。三十余年，习以为常"。

等到武则天称帝，改洛阳为神都，女皇有所好，下必效焉。一时间，洛阳城内，从皇家花园到私家小院，牡丹遍地，盛况无前。以至于今日，每逢春天，去洛阳看牡丹仍为颐养天年者希望一睹风采的人间一景。

武则天之所以喜爱牡丹，除了牡丹移植自故乡的特殊感情，还有无法剥离的属于那个时代的集体感情。牡丹花瓣厚实，花朵繁茂，气质华丽，富丽堂皇，易于勾起赏花人人生富贵的联想，与大唐盛世的社会心理相契合。

牡丹未必解语花，却能让武则天开心。能开心，自然能养生。

养生必须养性

今日，王安石改革家形象深入人心，有人误以为他夙夜为公，不爱惜身体，劳心劳神。其实不然，王安石时代导引养生之术大行其道，内修吐纳，外练五禽戏，讲究食疗，王安石也不例外。晚年变法失败，罢相归隐，流连于江宁，王安石一反儒家训导，以下棋为乐，颐养天年。

王安石棋艺不精，输的日子多，赢的日子少。有一天，他与一位处士下棋，双方约定，谁输了罚诗一首，而且必须写梅花诗。跟往常一样，王安石又输了，于是作诗一首：

华发寻春喜见梅，一株临路雪培堆。
凤城南陌他年忆，杳杳难随驿使来。

还有一次，他和一位道士下棋，让他开心的是他赢了，道士输了他一首诗，写得非常有趣："彼亦不敢先，此亦不敢先。惟其不敢先，是以无所争。惟其无所争，故能入于不死不生。"

王安石跟他打趣，说：你这不是诗，而是一个以棋为谜底的谜面。

兴之所至，他借道士诗中的"无所争论"，作了一首《棋》：

莫将戏事扰真情,且可随缘道我赢。

战罢两奁收黑白,一枰何处有亏成。

"有亏成",是庄子的话,出自庄子《齐物论》中"有成与亏,故昭氏之鼓琴也"的典故。

鲁国琴师昭文琴技出神入化,弹琴时,或而随风潜入夜,润物细无声,或而大珠小珠落玉盘,直逼庄子所说的"道"的境界。等他停下手指,琴声戛然而止,世界归于空寂,听众茫然不知所措。

庄子说昭氏一生爱好琴艺,渴望成功,超越他人,功成名就,似乎达到了目的,然而,真的有什么成就吗?不明白。可笑的是,他还希望儿子子承父业,到头来终身无成。

庄子幽默地说:如果昭氏有成就,算成功人士的话,我庄周也是。言下之意,所谓成功失败不过是一种执念罢了。

我想,王安石用这个典故入诗,是不是想到了变法失败与人生逍遥的矛盾,想到了多病之躯与暮年归宿,想到了养生必先养性?

养生必须养性,是王安石打动我心的一句话。王安石所处宋代人均寿命三十岁,他活了六十六岁,自然属于那个时代的长寿先生。长寿不离养生,养生不离生病,人不生病就难以垂青养生。王安石三十五岁之后开始有疾病的记录,可能是儿子生病,忧虑过度,王安石一度出现昏眩。及至暮年,年老体弱心烦,新法裹足不前,加之儿子先他而去,不免心下神伤,心力交瘁,重病缠身。今日偏头痛,明日肠溃疡,后日背部疽发,差一点儿不省人事,一命呜呼。

何以养性？放弃成功失败的执念，把玩黑白，逍遥于江湖，物我两忘。

物我两忘就是庄子《齐物论》的寓意，也是庄子养生思想的体现。

齐物，就是整齐万物，万物齐一，人与物，物与物，都是一样的、无差别的。只有忘掉物我之别，忘掉是非之别，摆脱成功失败的世俗观念，才能养生养神养性，才能"天地与我并生，而万物与我为一"。

《齐物论》中讲了七个寓言，最后一个是我们熟悉的庄周梦蝶，我是蝴蝶，蝴蝶亦是我。

王安石从围棋之黑白、下棋之输赢，联想到自己所在的世界，开始思考养生养性。

年轻的时候，王安石应该是不喜欢下棋的。他是孔门圣徒，二十几岁中进士，志在圣贤，怎么看得上棋艺呢？须知，在儒家眼中，围棋是"小道"，不是君子该玩的。现在，归隐江南，骑驴东山，他摆脱了"小道"的束缚，开始践行庄子的养生之道了。

王安石学棋太晚，五十六岁归隐金陵，居于东山，悠游林下的时候才开始喜欢黑白之道。他在《用前韵戏赠叶致远直讲》的诗中说，下棋之人痴迷劳心，废寝忘食的样子活泼可爱，打柴的、放牧的这些在一旁观棋的人，急得揪胡子，又想保住观棋不语真君子的样子，实令人忍俊不禁。很多学棋之人，都能背这首长得要命的棋诗：

……………

棋经看在手,棋诀传满箧。
坐寻棋势打,侧写棋图贴。
携持山林屐,刺擿沟港艓。
一枰尝自副,当热宁忘箑。

……………

欢然值手敌,便与对匕箸。
纵横子堕局,腷膊声出堞。
樵父弛远担,牧奴停晏馌。
旁观各技痒,窃议儿女嗫。
所矜在得丧,闻此更心惵。
熟视笼两手,徐思撚长鬣。
微吟静愔愔,坚坐高帖帖。
未快岩谷叟,斧柯尝烂浥。
趋边耻局缩,穿腹愁危業。
或撞关以攻,或觑眼而擪。
或嬴行伺击,或猛出追躐。
垂成忽破坏,中断俄连接。
或外示闲暇,伐事先和燮。
或冒突超越,鼓行令震叠。
或粗见形势,驱除令远蹀。
或开拓疆境,欲并包总摄。

或仅残尺寸，如黑子著靥。

或横溃解散，如尸僵血喋。

或惭如告亡，或喜如献捷。

陷敌未甘虏，报仇方借侠。

讳输宁断头，悔误乃批颊。

终朝已罢精，既夜未交睫。

…………

王安石的诗受到好评的不多，《观林诗话》称赞这首诗"曲写人情之妙"，写得好。

王安石下棋得到的是差评，一是棋艺差，不瞻前不顾后；二是看自己要输，就把棋盘掀翻了，还振振有词地说：本来就是寻个开心，何苦如此，不下了，不下了。所以，《遁斋闲览》中说他"棋品殊下"。

王安石晚年政治理想破灭，孩子也先他而去，本来晚景凄凉，心灰意冷，忧伤积郁，幸亏有围棋，帮他敞开襟怀，疗舒抑郁，散去心中郁结之气，予他逍遥养生之乐。

寿从笔端来

上下三千年,当得起"寿从笔端来"五字的著名书法家,舍柳公权遑论其他。柳公权侍书出身,三十一岁进士及第登科后,即开始皇家侍书生涯。

柳公权从政五十七年,历仕七朝,陪伴过七任皇帝,第二任皇帝唐穆宗见面时就对他说:我在佛寺见过你的笔迹。当日任命他为翰林侍书学士。此后,一连三朝都在皇帝身边侍书,过着别人看来宠幸优越的生活。

然而,柳公权本人非但不开心,反而觉得苦恼,并有难以言说的羞耻感。书法虽美,但侍书工作并不尊贵,在时人看来犹如祭祀时专司祝告礼仪的人。多年后,他担任户部尚书的兄长,给宰相写信求情,说:我弟弟以侍书为耻,能否酌情给他一份闲职?柳公权从此告别侍书生涯。

有一天,唐穆宗问柳公权如何才能写好书法。柳公权说:"用笔在心,心正则笔正。"自此,"心正笔正"成为书法养生的理论。

评论家认为,八十岁之后的八年,是柳公权书法的巅峰。你看他八十七岁所写《魏谟先庙碑》,容易联想到一位得道仙翁步入青山,一路攀登,而后消失于崇山峻岭。

柳公权的书法未等其过世，即已名闻遐迩。公卿大臣为先人立碑，不得公权手书者，人以为不孝，以至于柳字一字值千金。

柳公权学王羲之，形与王离，神与王和。按理，王羲之书法意涵长寿之道，遗憾的是王羲之五十几岁就去世了。

书法家易于长寿，与柳公权齐名的颜、欧、赵三大家，欧阳询享年八十四岁，颜真卿卒年七十六岁。康熙在《庭训格言》中对儿孙说，他考察过明代以来"善于书法者"，都是身体强健的长寿之人。

何以如此？清代书法家周星莲在《临池管见》中解释了书法养生的缘由："端坐正心，则气自和，血脉自贯，臂自活，腕自灵，指自凝，笔自端。是臂也、腕也、掌也、指也、笔也，皆运用在一心。"你要练书法，就得坐姿正确，脉畅心直，力发乎腰，使通身之力奔赴腕下，最终贯注五指，运行于毫端。总结前人经验、己身体验，他说静坐下来，写几十个或者几百个楷体字，盘绕在心头的骄矜烦躁之气就会全部平息下来。如果写的是行草，任意挥洒，至痛快淋漓之时，又会觉得灵心焕发。

唐太宗虽然马上得天下，对书法也很有见地。他在《笔法诀》中说，要想把字写好，就得"绝虑凝神，心正气和"，因为"心神不正，字则攲斜；志气不和，书必颠覆"。如后人所说，"喜则气和而字舒，怒则气粗而字险，哀则气郁而字敛"。

清人何乔璠在《心术篇》说得最好："书者，抒也，散也。抒胸中气，散心中郁也。故书家每得以无疾而寿。"也就是书法练习者常说的"寿从笔端来"。

琴为小技，平心养疾

琴为室中雅乐，清夜月明，操弄一二，是古代士大夫用以养生养身养心的器物。宋代文豪欧阳修就曾现身说法，说古琴治好了他的"幽忧之疾"，感叹琴为小技，却得平心养疾。

1047年，欧阳修四十岁，他的好友杨寘远离京城，去武夷山附近的剑浦担任县尉。以当时的社会经济发展水平论，剑浦是一个"东南数千里外"的风俗饮食不同又缺医少药的蛮荒之地，而县尉又是一个比县令还小的官。对于"好学有文"，过去就觉得"不得志"的杨寘来说，心里自然愤愤不平。

欧阳修深知好友自幼多病，担心好友以"多疾之体""不平之心"，郁郁不能久，特意准备了一桌"琴宴"，作《琴说》一篇，邀琴师现场弹琴，希望好友能在他乡异地抚琴疗心，开开心心地任职。

受欧阳修邀请到现场弹奏古琴的琴师叫孙道滋，是当年教他古琴的老师。欧阳修说自己年轻的时候曾有幽忧之疾，郁郁寡欢，退而闲居，也没治好。于是向友人孙道滋学琴，慢慢地，久久难愈的幽忧之疾，在琴声的抚慰下无声无息地痊愈了。

人到中年的欧阳修对好友杨寘说，病由忧虑起，对于郁郁寡欢这样的毛病，药不如琴。对即将远去东南的好友来说，虽然"夫琴之为技小矣",但可以"平其心以养其疾",意思是说,弹琴虽然是一门很小的技艺,但等到技艺高超的时候,"喜怒哀乐,动人心深"。欧阳修的好友范仲淹则认为,弹琴不在于技巧的高低,"琴不以艺观",他认为琴艺最值得称道的是"清静平和,性与琴会",琴人合一,心旷神怡。

所以,你要想心平气和,疗养心病,弹琴一定是养生妙方。

病须书卷作良医

李鸿章殁年七十九岁，在晚清四大名臣（曾国藩、左宗棠、李鸿章、张之洞）之中最为长寿，考其养生之道，一是对养生目的的见解，二是对读书养生的坚持，颇值今人三思。

李鸿章把养生看得比文章、名誉、金钱贵重，曾谆谆教诲近亲晚辈："人虽有文章、名誉、金钱，而无强健之身体，亦何所用之？故养生之术，不可不注意也。养生非求不死，求暂时之康健而处安乐之境耳。"

李鸿章的时代还没有摆脱科举功名的束缚，文章依旧是经国大事，他告诫晚辈们，文章、名誉、金钱再好，没有健康的体魄，又有什么用呢？用我们今天的话说，健康是"1"，文章、名誉、金钱都是"1"后面的"0"。

李鸿章提醒晚辈们，一定要注意学习养生之术。对于养生，李鸿章早就没有了秦汉时代追求长生的奢望。他说养生追求的不是长生不死，而是暂时健康，此时此刻的健康让我身心愉悦，感觉自己身处安乐之境。

其实年轻时代的李鸿章对养生似乎并不在意，当年他投身于恩师曾国藩幕府，就因为熬夜睡懒觉，被曾国藩当众教训，含羞出走过一段时间。及至年长，他对早睡早起、起居有常格外重视，在给胞弟的信中不厌其烦，一条又一条详细列示"养生十六戒"，叮嘱道："愿我弟细阅之。"

别看李鸿章谢世于1901年，现代医学已经步入中国，他本人养生依然秉持华夏传统之精华，除了晚年每晚一杯葡萄酒，似无西洋特色。他在"养生十六戒"中列示的戒条都可以追溯到秦汉养生家，只不过他更加联系实际，警戒之语更有针对性。

比如：一年到头懒得洗浴，满身污垢，皮肤几无排泄之功用，肺的负荷较重；

每日睡懒觉，很晚才起床，一起身就吃点心早饭，把胃部塞得满当当；

一日三餐皆贪美味，食之过饱，五味乱口，病从口入；

一日三餐，餐前餐后，一会儿吃点心一会儿吃闲食，胃肠一刻都得不到休息；

每次吃食物，从不细细咀嚼，而且快速吞咽，把细嚼慢咽的事全部交给胃，使胃不堪重负；

晚餐刚放下碗筷，马上上床睡觉，有时候躺下睡觉还不忘记吃几块点心；

深夜座谈，或狂饮，或赌博，一玩玩到天亮；

终日终夜紧闭卧室窗门，衣服气味、马桶浊气及人体放出之臭气，无不郁积于房内；

终日坐卧不运动，不出门户，不见日光；

终日畏风,关在屋内呼吸浊气,卧时又用被子蒙头;

吸水烟、旱烟,或鸦片,使内脏及血液皆染烟毒或鸦片毒;

饮酒狂醉,使心脏脂肪过多,以致疑心跳动,使脑积血,或脑出血,肝、胃、肺、脏、血液无不因酒大受其损;

终年饱食肉类,血内蓄积很多毒素,一旦遇到传染病的侵袭,马上轻症变为重症;

……

李鸿章的恩师曾国藩也分享过读书养生之妙。他在给其弟弟们的信中说:"体气多病,得名人文集静心读之,亦自足以养病。"但是,读书不能苦读,苦读伤身。曾国藩说,读书读到不理解的内容,不必强求,不必急于马上明白。背诵诗文,有一个字记不住,"不必苦求强记,只需从容涵泳,今日看几篇,明日看几篇,久久自然有益"。

李鸿章平生最喜欢读的文章,是唐代散文家韩愈的《论佛骨表》,理由是"气盛也"。他说,读得越多,神志越清,譬如饮食,但得一肴,适口充肠,正不求多品也。

读书与作文休戚与共,都是养生妙法。他告诫弟弟作文要追求"含蓄雍容",如"苍松翠柏,视似平常,而百年不谢",必定有利于养生。相反,作文追求新奇藻丽,如出水芙蓉,光华夺目,没过几天,繁华落尽,无复当初颜色,用来准备科举考试绰绰有余,对长寿无意义,不适宜尽享天年。

李鸿章谈读书养生,不掉书袋,不引经据典,也不会子曰诗云,但读书养生并非李鸿章第一个发现的。古人说"书犹药也",南宋诗人陆游诗中说"病须书卷作良医",明代诗人于谦有诗云"书卷多情似故人,晨昏忧乐每相亲。眼前直下三千字,胸次全无一点尘",李鸿章的安徽老乡、康熙时代的另一位宰相大学士张英说"书卷乃养心第一妙物"。

一饮涤昏寐，再饮清我神，三饮便得道

饮茶养生已成共识，然而说得最好的不是"茶圣"陆羽，而是他的朋友，僧人释皎然。

释皎然俗姓谢，"释"是法师们的通用姓氏，意指释迦牟尼的信徒。

释皎然是唐代诗僧谢灵运十世孙，文学是其祖业，佛学是其本业，茶学是其特长。据称，陆羽《茶经》的问世，有释皎然的一臂之力。

《全唐诗》中，有释皎然的诗作四百七十余首，其中一首为《寻陆鸿渐不遇》：

移家虽带郭，野径入桑麻。
近种篱边菊，秋来未著花。
扣门无犬吠，欲去问西家。
报道山中去，归时每日斜。

陆鸿渐就是陆羽，陆羽是今湖北天门人，被誉为茶仙，尊为茶圣，视为茶神。

陆羽不似释皎然，非但不是名门望族之后，连父母姓甚名谁都不知道，他小时相貌丑陋，被父母遗弃，为僧人所收养。陆羽之姓名是他从《易经》的《渐》卦"鸿渐于陆，其羽可用为仪，吉"中得到启发，自己给自己取的。意为鸿雁飞于天，四方皆坦途，两羽翩翩，整齐有序，可供效法，为吉兆。所以，当时还没有姓名的陆羽自定姓为"陆"，取名"羽"，又以"鸿渐"为字。

与释皎然不同，他虽然身处青灯黄卷的古刹，却不愿为僧。十二岁去戏班学戏，成为优伶，下等人。长得丑又口吃，但很幽默，就以丑角奔走于舞台，后遇一位太守，惜才赠书，送他跟一位隐士念书。之后，拜机缘之所赐，他结交达官贵人、尘外隐士，谈诗说文，品茶鉴水，继而寄居南京栖霞寺钻研茶事。

两年后，二十七岁的陆羽隐居今浙江湖州苕溪，撰《茶经》三卷，从性状、品质、产地，到种植、采摘、烹饮、器具皆有所论，乃世间第一部茶叶专著。

陆羽虽然生性诙谐，著有《谑谈》，但谈起饮茶养生的妙处，远不如释皎然。

他在《茶经》中说："茶之为用，味至寒，为饮，最宜精行俭德之人。若热渴、凝闷、脑疼、目涩、四支烦、百节不舒，聊四五啜，与醍醐、甘露抗衡也。"意思是，茶性味至寒，作为饮料，最适合精心一志、行事严谨、俭以养德的人饮用。如果你感到热渴、凝闷、头痛、目涩、四肢烦劳无力、关节不舒畅，喝上四五口，如同喝了醍醐、甘露，神清气爽，妙不可言。

你再看看他的朋友释皎然是怎么说的:"一饮涤昏寐,情思爽朗满天地。再饮清我神,忽如飞雨洒轻尘。三饮便得道,何须苦心破烦恼。"

畅神以养生，舒心以益寿

董其昌秉承了中国文人画古老的畅神传统，在明末宦海中畅游了一生。董其昌年过而立中的进士，《明史》说他性情和易，精通禅理，萧闲吐纳，终日无俗语，简直就像一幅文人山水画，生秀淡雅，独辟蹊径，自立一宗，亦领一时风骚。寄趣书画，本来是为了超脱于官场沉浮，反而步步高升，晚年官至礼部尚书。

董其昌相信绘画延年益寿，认为画家以天地为师，以山川为师，师法自然，画出自然，怎不益寿？黄公望浪迹山川，行走于山林胜景，"阅朝暮之变得于心，形于笔，故所作千丘万壑，重峦叠嶂，笔势雄伟，愈出愈奇"。米友仁则说："画之老境，于世海中一毛发事泊然无着染，每静室僧趺，忘怀万虑，与碧虚寥廓同其流荡！"

董其昌在《画禅室随笔》中说黄公望年届九十而貌如童颜，米友仁八十余岁神明不衰，无疾而逝，都是"画中烟云供养"的缘故。他们寄乐于画，以画为寄，以画为乐，下笔之时，犹如宇宙在手，眼前一片勃勃生机，以至于畅神以养生，舒心以益寿。

万历十七年春天，三十五岁的董其昌高中进士，入选翰林院庶吉士，实现身份逆袭，从一介平民步入上流社会。

同期二十二位庶吉士中，有一位同学热衷于求道，志于养生之学,还有一位同学推崇天性,热心于禅宗。此时,王阳明心学风行天下,董其昌和几位同学都喜欢心学,反对刻板教条的程朱理学,几个人终日谈论"禅悦之旨",到后来视功名文字为粪土,如黄鹄之笑壤虫。

如此转变,一来因为董其昌亲身感受到官场险恶,心中颤抖,倍感恐惧和厌倦;二来受翰林院老师影响,喜欢上书画收藏与创作,打开了一片新世界。

董其昌在翰林院供职几年后,便乘护送一位翰林学士灵柩南下之机,告病回家。

从此以后,董其昌动辄告病回家,潜心书画,躲避官场风波。

六十五岁时,太子朱常洛即位,董其昌曾经担任过太子的讲官,所以被起用,为太常少卿,奉命编修《神宗实录》。不料,一个月后,皇帝驾崩,新皇帝宠幸魏忠贤,董其昌四处躲闪,之后辞官归隐,直到魏忠贤死后,政局清明,才第三次出仕。不到两年,董其昌受不了彼此欺压,又一次乞求退休。

从三十五岁踏上仕途,到八十岁告老还乡,为官四十五年,董其昌任职十八年,隐居故乡二十七年,明哲保身,是明代官场罕见的精致的利己主义者。

或因归隐二十七年的时间,给了他沉醉画作的机缘,禀赋过人的董其昌临摹了众多古画,遍学诸家,抉精探微,超越古人,成为一代宗师。

卷七

眠食起居

平日饭菜，食之甘美，胜于珍药

"食即平日饭菜，但食之甘美，即胜于珍药矣。"这是晚清名臣曾国藩在日记中自言自语的一句话。他告诉自己，日常饮食家常便饭即可，虽为寻常菜蔬，只要吃得甜美、吃得香，一定比珍贵药材更有利于养生。

曾国藩是在1861年农历十一月初六深夜，写下这句养生之道的。这一年，曾国藩五十一岁，小他整整二十岁的咸丰皇帝百余日前薨于承德避暑山庄。当日白天，他早饭后下了一局围棋，见了几拨客人，写了几幅字，重温了《诗经》若干篇，若有所悟，从书法之道想到治世之道，兼及养生之道。

曾国藩年轻时得过一次大病，数月方愈，终其一生，长期为癣疾、目疾、耳鸣、眩晕、不寐、疝气所苦，所以对养生医术格外重视。

之前，曾国藩喜欢药膳，认为药膳比药好。他在给弟弟的信中说，滋阴的话，就用"海参炖鸭而加以益智仁"；补阳的话，就用"丽参蒸乌鸡或精肉之类"。

之前，曾国藩喜欢食用贵重补品。写下"食即平日饭菜，但食之甘美，即胜于珍药矣"的前一年，他在日记中或者写"服人参一钱",或者写"近日吃熟地蒸肉二三次,略觉热气平减"。而且曾国藩还会自己做补品。即使在与太平军作战期间,他尚有闲情雅致做药丸补品,实在令人讶异。

食用药膳、贵重补品离不开贵重药材。他的日记中常有"安排寄鹿胶、阿胶、墨桌毡等项回家"。四十八岁那年夏天,他又在日记中说"专人至吉安送鹿茸与沅甫弟"。五十岁那年,日记中一会儿给叔父"寄辽东大参四两三钱",一会儿给弟弟弟媳妇"寄燕窝一匣"贺生。

如此背景下,我对曾国藩说"平日饭菜胜于珍药"颇为吃惊,不知何故。在此之后,他在日记又写道:"余现在调养之法,饭必精凿,蔬菜以肉汤煮之……"以肉汤煮菜,吃精米饭,这样的调养之法在当时固然富贵,在今日应是寻常百姓家的日常生活。我不知道他是怎么从珍贵药材回到平日饭菜的。

曾国藩曾经说,鸭汤煮白菜萝卜远胜于满汉筵席二十四味。后来,齐白石画了一幅著名的《白菜冬笋》,题款曰:"曾文正公云,鸡鸭汤煮萝卜白菜,远胜满汉筵席二十四味。余谓文正公此语犹有富贵气,不若冬笋炒白菜,不借他味,满汉筵席真不如也。"白石老人挺幽默,笑曾国藩"鸭汤煮萝卜白菜胜过满汉筵席"的话,貌似平淡简朴,仍然透着一股富贵之气,其实无须肉汤,单是冬笋炒白菜,就能胜过满汉筵席。

早寝以当富，安步以当车

苏轼对养生的在意，与他泊舟江上"不知东方之既白"的随意，相去甚远。有时候，苏轼对养生的在意，甚至达到了庄子所批评所不屑的"刻意"的程度。唐宋以降，文人士大夫青史留名者，像他这样研究养生、追求养生、在意养生的并不多见。

苏轼养生有家学渊源。少年时代，还没走出眉州的时候，他的父亲苏洵就把道家导引吐纳功法带进了他的世界。十几岁的时候，弟弟苏辙患有肺病，喘起来像锯木之声，难以入耳。父亲苏洵就请一位道士教弟弟学习导引吐纳之功，苏轼也随同练习。

许是弟弟的病真的痊愈了，苏轼对导引吐纳养生功法深信不疑，终其一生，练功养生都是他的日常功课。苏轼研究养生，熟读《黄帝内经》等前代养生经典，对闭息、内观、数息、静坐之类传统功法了然于心。

三十五岁的时候，苏轼已经形成了属于自己的成熟的养生观。他在给皇帝的奏折中说："人之寿夭在元气……是以善养生者，慎起居，节饮食，导引关节，吐故纳新。不得已而用药，则择其品之上、性之良，可以久服而无害者，则五脏和平而寿命长。不善养生者，薄节慎之功，迟吐纳之效，厌上药而用下品，伐真气而助强阳，根本已空,僵仆无日。"也就是说,养生贵在饮食起居、导引吐纳的调适,用药是不得已而为之的事。不会养生的人一旦生病就乱用猛药耗散真元之气,强制扶阳以消一时之症,以至于"僵仆无日"。

苏轼后半生特别是晚年,在道家养生技法之外,又多了一份佛教徒的"价值观养生"的心得,豁达从容,直有孔子所说的"从心所欲,不逾矩"。

看苏轼养生的名言、技法、诗作,我最喜欢的还是《东坡志林》中的两则:

其一,设定宴席餐标。我东坡居士从今以后,每餐不过一爵酒一种肉。若有贵客临门,至多增至三倍。朋友请我赴宴,我会提前把餐标告诉他,主人不从,我一定劝阻到底。为什么?一曰安分以养福,二曰宽胃以养气,三曰省费以养财。

其二,养生四味药。苏轼的朋友张鹗持纸求书,他提笔写了一个养生方子,有药四味:一曰无事以当贵,二曰早寝以当富,三曰安步以当车,四曰晚食以当肉。意思是,闲来无事是贵人,早早就寝是富人,视徒步行走为坐车一样舒适,晚点儿吃饭就像吃肉一样幸福。因为饿了再吃,粗茶淡饭胜过八珍美味。

苏轼养生四味药的说法,其来有自,追溯渊源,当为秦始皇时代吕不韦主持编写的《吕氏春秋》。谈到养生,《吕氏春秋》说:"出则以车,入则以辇,务以自佚,命之曰'招蹶之机';肥肉厚酒,务以自强,命之曰'烂肠之食';靡曼皓齿,郑卫之音,务以自乐,命之曰'伐性之斧'。三患者,贵富之所致也。故古之人有不肯贵富者矣，由重生故也；非夸以名也，为其实也。则此论之不可不察也。"用今天的话说，进进出出以车代步追求安逸，没想到车是招致瘸腿的工具；想靠好肉美酒强体健身，殊不知酒肉都是烂肠之食；想靠美妙佳人、靡靡之音愉悦自己，不知道它们原是砍伐性命的斧头。这三个祸患，都是富贵病。古人不愿意富贵，是因为他们贵生惜命看重生命，而不是贪图虚名自夸于世。今人考察古人视富贵为浮云的行径，不能仅仅看他们的品德修为，还要从他们追求延年益寿的养生实际出发。

一日两餐,终身不易

康熙一日两餐,终身不易,若非史料所载,断难相信康熙居然有此饮食有度的养生习惯。乡村少年想象中,皇帝肯定是个饱食终日、一日数餐、想吃就吃的人,事实不然,清代皇帝身为满人,入主中原,住进紫禁城后,依然没有放弃一日两餐的祖训。

康熙是清代第四位皇帝,1661年登基,在位六十一年,终年六十九岁,庙号圣祖。因为智擒鳌拜,平定三藩,收复台湾,驱逐沙俄,北征塞外,亲征噶尔丹,收复蒙古诸部,被称为"千古一帝"。

晚年,康熙感慨皇帝这个职业,"仔肩甚重,无可旁诿",实在太辛苦。前代帝王一旦享年不长,后世书生史官,动辄归因为"酒色所致",他完全不同意这种书生之见,认为这是书生"好为讥评""抉摘瑕疵",帝王短命,大抵是因为"天下事繁,不胜劳惫"。

康熙一生能扛这么多事,能立这么多不世之功,既有天赋异禀,也有后天之力。晚年,康熙回忆生平,说自己"自幼强健,筋力颇佳,能挽十五力弓,发十三握箭"。谈到自己年将七旬,至老无恙的原因,他概括为"幼龄读书,即知酒色之可戒,小人之宜防",并未说到饮食节制这么琐碎的养生之事。

康熙养生，不似唐宋帝王，从来不相信什么道士丹药。他说自己出生时并无灵异，长大时亦无非常。当政期间，从不许人说什么祯符瑞应等鬼怪迷信之事。对于养生，也没有什么妄念，就像从政一样，以实心行实政，以平常心做平常事。

康熙养生，都是清代皇族养生保健的传统科目，值得一提的是每日两餐。对康熙来说，每日两餐也不是他自创的养生方法，而是祖训，有强制性。

《清稗类钞》记载过康熙与理学名臣、大学士张鹏翮的一段对话，虽然谈的不是养生，却道出康熙节食养生的实情。

康熙晚年，张鹏翮率领九卿高官上奏康熙祈祷上天下雨，以解百姓天旱不雨，"米价腾贵"之困。康熙看过奏折后，语出惊人：你们汉人，一日吃三餐，夜里还要饮酒吃夜宵。我大皇帝一日两餐，当年出师塞外，日食一餐。而今，十四阿哥领兵在外，也是日食一餐。如果你们汉人也能如此，就可以一天的粮食吃两天，你们为什么不这么做呢？

可能是觉得意犹未尽，康熙接着说自己是如何节制饮食有益养生的：我每顿饭仅吃一道大菜，食鸡则鸡，食羊则羊，不会既吃鸡又吃羊。

而后，康熙又似语重心长地说：七十老人，不可食盐酱咸物，夜不可食饭……我多年如此，深感有益于健康。

先睡心，后睡目

"陈抟老祖"听起来像一个类似太上老君的传说中的人物。事实上，陈抟真有其人，《宋史》中就有《陈抟传》。他是一位五代末期、北宋初年的道教学者，以睡眠养生为养生界所熟知。

陈抟少时落第，隐居名山，在武当山服气辟谷修道二十余载，每日只饮几杯酒。之后，陈抟移居华山、少华山，每次睡觉"百余日不醒"。

后周、北宋两朝前后相连，陈抟先后进觐二帝。对周世宗，他说没有修炼丹药、点化金银的法术，对宋太祖的宰相，他表示没有玄默修养的方法可以传授别人。《宋史》所载他的应答，显示陈抟讲政治、情商高，他说：我是一个山野隐士，于当今之世没什么益处，亦不知炼丹化金之事、吐纳养生之理。倘若我真能让白日冲天，于当今之世又有何益？当今圣上龙颜秀异，貌若天人，博古通今，深究治乱，乃世之君主。我们勤行修炼的功劳，如何比得上君臣同心，兴化致治，天下太平之功呢？

《宋史》所载陈抟事迹，难以尽信。史载，989年秋七月，陈抟亲自给皇帝写了份奏表，说自己气数将尽，圣朝难恋，将于某月某日化形于某峰某谷之中。果不其然，陈抟如期仙逝，七天后四肢还有余温。他修炼的洞口，有五色彩云，经月不散。卒年一百一十八岁。

显然，陈抟的生平事迹颇多"神迹"，其个人形象也有近乎"神仙"的特征。元代，马致远的戏剧《陈抟高卧》，将他由"隐士"塑造为"睡仙"。

传说中，武当山、华山都有陈抟的睡功图。睡功被视为道家内丹家的高深气功。睡功名之为"功"，自然是以睡练功，异于常人之睡。

清代王士端的《养真集》中有一篇《梦》，说陈抟卧华山之巅，醒来之时，人赞之"以一睡收天地之混沌，以觉来破古今之往来，妙哉"，他答曰："（睡亦）有道。凡人之睡也，先睡目，后睡心；吾之睡也，先睡心，后睡目。"

为什么先睡心？因为"心睡"则能"对境莫认心，对心莫认境"，环境再恶劣，心也不破防，也能"随所取而足，随所至而安，随所寓而乐"，视一切为过眼云烟、过耳秋风，哪怕你看到夏禹治水、武王伐纣那样的"治世者"，也不会向往功名利禄。唯有如此，你才能真正领略到"高卧睡乡"的妙趣，才不会像《列子》中的寓言人物，或者"昔昔梦为国君，居人民之上"，或者"昔昔梦为人仆，趋走作役，无不为也"。

这就是"先睡心，后睡目"。以养生观之六字，就是啥事别想，闭上眼，睡觉。

少饮则和血行气，痛饮则伤神耗血

《酒德颂》是魏晋名士、"竹林七贤"之一刘伶的传世名篇。如果你没读过这篇文章，不妨想想，假如你是作者，会怎么写，写些什么？如果你是养生家，又会怎么写，写什么？

刘伶写的是"唯酒是务，焉知其余"，只管饮酒，不理世事。

刘伶自称"天生刘伶，以酒为名"，曾经因为主张无为而治，被皇帝免官，斥之为不合时宜。他常乘鹿车，携一壶酒，让人带着锄头跟随他，说："死便埋我。"

他在《酒德颂》中，说有个"大人先生"，视一万年为一眨眼，视日月为自家门窗，视远方为自家庭院，放浪形骸，以天空为帐，以大地为卧榻，自由自在，无拘无束，无论停歇走动，都只以喝酒为要事。

有王孙公子和隐世高人看不惯大人先生的做派，对大人先生咬牙切齿地说：你败坏世俗礼法。大人先生捧起酒杯，摆动胡须，双脚坐地，陶陶然进入梦乡，一觉醒来，看不见泰山，听不到雷鸣，觉不到寒暑，物不明利害，看万事万物，如江上浮萍，不值一顾，公子、隐士在他身边就像两个小虫。我想绝大多数人不会颂扬这样的酒德，这就是这篇文章成为传世名篇的原因。

当然,《酒德颂》的本意不是劝人豪饮,而是借酒讽人,讽刺貌似有德、张口礼法的封建士大夫,歌颂无思无虑、其乐陶陶的庄子式的潇洒自得的遗才高趣。

有人说刘伶贪杯,竟以寿终活了八十岁,其实刘伶生卒年月不详,即便真活了八十岁,也不能将之归因为嗜酒。虽然中医认为酒有通血脉、散湿气、祛风下气、疏肝理气的养生功效,但自《黄帝内经》到《遵生八笺》,都在劝人莫贪杯,把酒问青天豪放如苏轼,也给弟弟写过戒酒诗。

李时珍在《本草纲目》中说酒是天之美禄,但不可痛饮,"少饮则和血行气,壮神御寒,消愁遣兴;痛饮则伤神耗血,损胃亡精,生痰动火"。孙思邈在《卫生歌》中说:"卫生切要知三戒,大怒大欲并大醉。"

我想,饮酒如看花,花看半开,酒饮微醺,还是不要一醉方休的好。

食不厌精细,饮不厌温热

古代养生家不是科学家。诸多养生家的诸多养生观点或者来自切身体会,或者源自前人。明代养生家高濂写在养生名著《遵生八笺》中的诸多养生名言,都是从前人的书中搬过来的,犹如钱锺书所说,是把别人的话放进自己的书里,再把自己的书放到别人的书架上。

高濂谈饮食养生,说过一句"食不厌精细,饮不厌温热",就是他从前人旧话中剪辑加工的。前半句来自孔子,后半句来自《医说》或者《黄帝内经》。

"食不厌精细"是孔子在《论语》中说过的话。原话是"食不厌精,脍不厌细",指的是稻谷舂得越精越好,肉切得越细越好。当时的谷物脱皮、肉食加工条件不如今天,孔子希望米肉精细,于养生而言,大概着眼于消化吸收,是一件怎么努力都不为过的事。

饮食乃活人之本。饮食考究是对生命本身的重视。孔子贵生、遵生、摄生、养生,要求弟子们"危邦不入",吃饭怎么能怠慢呢?孔子虽然三岁死了父亲,少时清贫,但毕竟是贵族出身,不同于底层百姓。他热爱生活,饮食讲究,不是一个不食人间烟火的老夫子。孔子吃东西很挑很拣,粮食陈旧了、变味了他不吃,鱼肉不新鲜他不吃，一看食物的颜色不好了他不吃，味道不好、烹调不当也不吃，甚至连佐料放得不恰当，他也不吃。

孔子的时代，是一个百家争鸣的时代，道家讲究"吸风饮露"。孔子向老子请教过学问，但对"吸风饮露"不食人间烟火的观点，既不欣赏，也不接受，所以孔子讲究食不厌精，脍不厌细。

"饮不厌温热"来自宋代医家张杲的《医说》。谈到饮食忌讳的时候，享年七十九岁的作者说"饮不厌温热""肉不厌软暖"。在此之前，《黄帝内经》中也有类似的话。《黄帝内经》倡导"寒温中适"的饮食之道，反对过寒过热，"热无灼灼，寒无沧沧"。只有"寒温中适"，才能保持脾胃之气的平衡，才能避免"邪僻"之气的侵袭，无偏盛偏衰之弊。

记得二十年前我读博士的时候，大师兄是河南人，我是安徽人，我们一人一个保温杯，班长见到我们总要哈哈大笑，善意地说："出门带茶杯，不是河南，就是安徽。"我几欲放弃，夫人是中医的大师兄总是劝我坚持，坚持，再坚持。出国的时候，喜欢温水，英文又不好的人总是觉得尴尬。其实，现代科学不会笼统地说温水比冷水更有利于健康，但它会告诉你习惯了温水，喝冷水不舒服，就不要喝冷水了，特别是冬天。

一席之间,食忌多品

现代营养学登陆中国之前,饮食养生大多是点点滴滴的生活经验。我们觉得古人所说的有道理,也是因为古人言论暗合了我们的生活感知。好几次,在饭桌上,朋友们说起清代皇帝文人士大夫食忌多品的饮食经验,都觉得有几分道理。

康熙时代,皇帝本人并不喜欢浓肥杂进、鸡鸭鱼肉什么都吃。据说,他本人"每食仅一味,如食鸡则鸡,食羊则羊,不食兼味",每顿饭不会兼得两种肉味。

康乾时代的养生家曹庭栋,在《养生随笔》中说:"水陆之味,虽珍美毕备,每食忌杂。杂则五味相挠,定为胃患。……不若次第分顿食之,乃能各得其味。"意思是说,水里游的、地上跑的美味佳肴,全部端到桌上,每顿饭都要吃它个七荤八素九大碗,是一件非常忌讳的事。菜肴一旦杂乱,就会酸甜苦辣咸五味杂陈、五味相挠,为胃病留下隐患。与其"水陆之味,珍美毕备",不如隔三岔五次第分开,今日吃鸡,明日吃鱼,"分顿食之,各得其味"。

康熙时代的大学士张英,也曾苦口婆心地劝导儿孙饮食忌杂:"食忌多品,一席之间,遍食水陆,浓淡杂进,自然损脾。予谓或鸡鱼凫豚之类,只一二种,饱食良为有益。"意思是说,吃东西忌讳很多品种，一顿饭，鸡鸭鱼肉，遍食水陆，吃得太多，味道浓的、味道淡的，什么都有，一股脑儿地塞下去，肯定损害脾胃。鱼、鸭、猪什么的，只取一两种，吃饱了就好。他强调，这一点，他没见古人说过，只是他自己根据生活经验揣测，给出的饮食建议。

实际上，古人说过食忌多品，只是他不知道而已。唐代孙思邈在《千金要方》中就曾引用魏晋时期医学家、《脉经》作者王熙的话说："食不欲杂，杂则或有所犯，有所犯者，或有所伤，或当时虽无灾苦，积久为人作患。"提醒世人，同一时间，不要吃多种食品，以防食物之间有不良反应，或影响食物吸收效果。

读到这些食忌多品的文字，我不由得想起袁世凯和蒋介石。民国时代，当过高官的张国淦，回忆袁世凯、蒋介石请客吃饭的饭菜多寡。他说，袁世凯请你吃饭会把你撑死，蒋介石请你吃饭会把你饿死。袁世凯请客，真的是遍食水陆，浓淡杂进，各式佳肴，满满一桌。袁世凯不仅好客，本人也爱吃，据说他一天要吃十几个鸡蛋，一天能吃很多顿。接见外宾的时候，外宾觉得他摇摇晃晃像只鸭子。蒋介石笃信王阳明的心学，后来信奉基督教，讲究简朴清淡，少即多，宴席上就简简单单几个盘子，每个盘子里的分量还很少，与今人对上海、宁波餐盘的印象有几分相似。

袁世凯五十八岁就去世了，蒋介石活到八十九岁，我们当然不能以菜肴多寡解释寿命长短，但是，清人告诫儿孙遍食水陆、浓淡杂进有损健康，倒是值得饮食养生者思量。

究竟什么才是饮食珍品，中国历史上有着不同的认识。有人认为山珍是珍品,有人认为海鲜是珍品,还有人认为稀有之物是珍品,除了这些,也有人认为"适口者珍"。这一观点是宋代学者苏易简提出的。苏易简是宋太宗时的进士,一次,太宗问:"食品称珍,何者为最?"苏易简答:"食无定味,适口者珍。"又说,"臣心知齑汁美。"太宗问他这是为什么,苏易简以其亲身感受回答说,有一天晚上特别寒冷,他乘兴痛饮之后,睡觉时盖了几斤重的厚被子。酒后受热,口中极渴,翻身起床至庭院,于月光中见残雪覆盖着装腌菜汁的瓮子,便顾不得叫家童,连忙捧起雪当水洗手,美美地喝了好几杯齑汁,只觉"上界仙厨,鸾脯凤脂,殆恐不及"。太宗也笑着同意苏易简的这个观点,此事见载于林洪的《山家清供》一书。清代曹庭栋在《养生随笔》中亦说:"食取称意,衣取适体,即是养生之妙药。"

食时五观,养性养生

端起饭碗应该想什么?北宋书法家黄庭坚淡淡回答了几句,百年后,在南宋学者礼部尚书倪思的心中,激起了深切的共鸣,至今仍为饮食养生的经典故事。

"苏黄米蔡"中的黄庭坚,是与苏东坡齐名的北宋书法大家,他写过一篇寥寥三百余字的《士大夫食时五观》,译为白话文,感人至深:

古代君子在孔子的《乡党》《曲礼》中学习过"饮食之教",但是,士大夫们端起酒杯就忘到九霄云外了。所以,我借鉴佛家的教诲,为士君子们写一篇《士大夫食时五观》,供大家备忘。

一观"计功多少,量彼来处"。咱们吃的米面,哪一粒没有经过种植、收获、舂硙、淘汰、炊煮的全过程?何况屠割生灵以饱腹欲滋味呢?一人之食,十人作劳。普通人吃的是父祖心力血汗,官宦人家吃的是民脂民膏,这些都是不言而喻的啊。

二观"忖己德行,全缺应供"。每个君子士大夫一生三件事:照顾亲人、效忠君王、安身立命。三件事都做到了,捧起饭碗,受之无愧,有一件没做到,就应该知道惭愧耻辱,不敢尽味。

三观"防心离过,贪等为宗"。治心养性,先防贪嗔痴三过,不能过贪、过嗔、过痴。过贪，就是遇到美食贪婪无度。过嗔，就是遇到粗劣的食物嗔怒生气。过痴，就是天天吃饭却不知道食物从何而来，就像个傻子痴人。君子食无求饱，就不容易沾染过贪过嗔过痴的三过毛病。

四观"正事良药，为疗形苦"。五谷五蔬以养人，鱼肉以养老。应当懂得五谷五蔬对人体的营养作用，了解饮食养生的道理。身体不好，往往是因为饮食不当，要以食当药，做到"举箸常如服药"，举起筷子那一刻，内心的谨慎要像服药一样。

五观"为成道业，故受此食"。君子任何时候吃饭都要想想有没有违背仁爱的信仰，都要想想我们为这个世界所作的贡献配不配得上我们所得的饮食，有没有"素餐"不劳而获吃白饭。《诗经·伐檀》所说的"彼君子兮，不素餐兮"，不就是这个意思吗？

黄庭坚去世之后，南宋礼部尚书倪思读到《士大夫食时五观》，感叹前辈言辞深刻直指人心，让人知惭知愧。倪思曾经去过一个佛寺，见僧持戒者，每顿饭，先不吃菜，淡淡地吃三口原味饭，目的有三个：

第一，"以知饭之正味"，知道饭到底是什么味道。饭菜多杂以五味，很少有人知道饭的正味原味，只有淡食，吃三口白饭，才能知道饭原本就是甘美的，不需要假借外味。

第二，"思衣食之从来"。

第三，"思农夫之艰苦"。

倪思觉得，这个僧人所说的三点，已经具备"食时五观"的要义精髓。

"食时五观"其实不是黄庭坚原创,起初见于唐代高僧道宣大师的著作。这位大师,是南山律宗的开宗法师,与药学大师孙思邈相交甚笃,希望僧人用餐之前先做五种观想,谨守戒律,提升僧格,以便佛教扎根东土,屹立不摇。今天,我们去寺庙,见到"五观堂"的牌匾,就知道是吃饭而非观景的地方,就是因为这位大师将"食时五观"变成了古为今用的优秀传统。

我常见为人父母者带孩子去寺庙"五观堂",看僧人"食时五观"的样子,期待孩子见微知著修身养性。虽然着眼点不在养生,也未必深谙"养生必先养性"的道理,却通过"食时五观"的养性之法,将孩子往养生之境悄无声息地推了一把。

脚心踏处涌泉穴，心神流畅滚脚凳

"莫道桑榆晚，微霞尚满天。"在今浙江嘉善，一个叫曹庭栋的官宦世家子弟，于七十五岁高龄，为天下老年人写了一本养生专著《养生随笔》。

曹庭栋出生于三百多年前的江南望族，生逢康乾盛世，除却读书作诗，一生并无功业。七十四岁那年他大病一场，痊愈后以自身经验，编撰《养生随笔》，希望他人与自己"同为太平安乐之寿民"。

我读此书，惊异的不仅仅是起居养生的生活细节，还有平实质朴的语言风格。曹庭栋谈养生，不谈怪力乱神，对方术家的丹药，不仅不信，反认为会得暴病。

全书五卷，从散步、夜坐、见客、出门、燕居、导引，说到煮粥如何择米、择水、掌握火候，娓娓道来，如叙家常。既有文人官宦世家的雅趣审美，又有百姓之家的简朴实用。以当时的文字来看，算得上通俗易懂，指引清晰，可谓高僧净说家常话。我觉得最有新意的还不是这些，而是书室、卧房、坐榻、便器、衣帽鞋袜、床帐枕席的家居之妙。周作人说此书通达人情物理，增益智慧，涵养性情，当作六十寿礼极为合适。

曹庭栋著作等身，活到老，学到老。晚年养生，不能不读书，读书不能无书屋。"书室"一章,他说人老不能不学习,浏览书册,还可以遣怀休闲。对于书室,他非常讲究,"室取向南,乘阳也",书室坐北朝南,以便吸收阳气。窗户不能没有窗帘,秋冬垂幕,春夏垂帘,总为障风而设。

"风者,百病之始也。"曹庭栋认为老年人养生,要随时随地留意避风。书室南北,分别开窗,北窗只在暑热之时偶尔打开通风通气。窗户做成上下两扇,叫作合窗,清明时挂起上扇,人坐窗下,风不得侵。

书室缺不了书桌,书桌本是寻常物,曹庭栋别出心裁,在书桌之下,放了一个脚踏矮凳,以待坐时之需。凳的大小,仅供脚踏而已,削而圆之,宽其两头,如辘轳可以转动。脚心为涌泉穴,脚踏之处,时时转动,心神为之流畅,名"滚脚凳"。正所谓脚心踏处涌泉穴,心神流畅滚脚凳。

坐榻,也是曹庭栋着墨颇多的家具。所谓坐榻,就是我们今天所说的"椅子",因为"后有靠,旁有倚"。

曹庭栋很讲究,椅面上要有厚厚的垫子,冬天以小条褥做背靠,下面铺个椅垫。终究是富家子弟,他说,这个椅垫"皮者尤妙",皮毛做的更好。

他还谈到"醉翁椅",也就是我们今天所说的躺椅,"斜坦背后之靠而加枕,放直左右之环而增长"。坐时伸直双脚,分置左右,头卧枕,背靠斜坦处,虽坐似睡,偶尔困倦了,就这样斜靠着打个盹。

坐榻安置在哪里最合适?或许有人说靠墙壁,可防止脑后有风来。从脑后吹来的风,古人称之为"贼风",容易偷袭身体,让人染病。所以,靠墙壁安放坐榻躲避贼风偷袭,当然没错,但这不是曹庭栋所期待的,他期待的是"屏风"。

不得不说,古代文人富翁会享受,他所说的"屏风"共有三扇,中间一扇高,旁边两扇低,阔不过丈,围在榻后,其形如山,故名"山字屏",可以写个座右铭或格言,贴于屏上,养目怡神。

读古代养生家的书,往往费力费神,但是,读曹庭栋的书,琢磨起居养生,总能有会心一笑之感。比如,他说,养生这件事,"无深远难知之事,不过起居寝食之间尔"。再比如,他认为养生图的不是长生而是久生,老年人养生,是为了谨慎地守住剩余的生命之火,不要像蜡烛一样置于风中快速燃成灰烬。

如此讲究起居养生的老人,高寿几何?八十六!

卷八

导引吐纳

纳气有一，吐气有六

我是一位无神论者，年轻时对道教知之甚少。二十余年前，两位朋友不畏长途跋涉，邀我同访茅山，曾让我诧异莫名。等我们登山焚香，礼敬道长，尽兴而归，我也不知道陶弘景原来就是上清派茅山宗的宗师鼻祖，更不知道气功养生六字诀就是陶弘景在茅山留给我们的历史文化遗产。

日后，我才知道，初中语文教科书所选古文《答谢中书书》就是陶弘景的大作，文中所说的"欲界之仙都"就是茅山。只不过，初登茅山，我实在没有感受到文中所说的"高峰入云，清流见底。两岸石壁，五色交辉"。

这篇六朝山水小品名作，大概是陶弘景晚年所作。陶弘景出生于看一眼就不会忘记的456年，八十一岁卒，是南北朝时期的长寿老人。

陶弘景是今江苏南京人，出生于官宦士族家庭。《南史》说他天赋异禀、聪慧非凡。和名垂青史的帝王将相一样，他的出生也充满了神秘色彩。母亲梦见两个神仙手拿香炉之后便有了身孕，生下了陶弘景。十岁那年，他得到一本葛洪的《神仙传》，由此萌生修道成仙养生出世的念头。

起初,他和士族青年一样,热衷于做官,也做了一个六品虚衔的官。后来,拜机缘之所赐,他离开南朝的都城——今南京,到了两百里外的茅山隐居下来,给人写信,也以"隐居"替代自己的姓名。

隐居茅山的陶弘景,醉心于炼丹成仙,朱砂、雄黄等炼丹之材,都是皇帝供给的。史书中说,皇帝吃了他的丹药,效果很好,于是非常信赖他。读他的书信,也要先焚香。皇帝下诏请他出山,陶弘景画了两头牛,婉拒了皇帝。画中,一头牛漫步水草间悠然自得,另一头牛被人戴上金头罩,跟着缰绳、棍子走。于是,皇帝退而求其次,不再逼他出山,但是国家遇到吉凶征伐之类的大事,他必须在山中接见使者、捧读信函、回复意见。后世所谓"山中宰相"的典故就是这么来的。

陶弘景无疾而终,死后脸色不变,关节伸屈如常这样的话,虽然是《南史》中的原话,今人也不会信以为真。我想,史家这么写,可能是想说,他是一位"人间神仙"。

今人说陶弘景是一位道教思想家、中医学家,是因为他于医道两家皆有著作,著名的呼吸吐纳"六字诀",即出自他的《养性延命录》。他在书中说:"凡行气,以鼻纳气,以口吐气,微而引之,名曰长息。纳气有一,吐气有六。纳气一者,谓吸也。吐气有六者,谓吹、呼、唏、呵、嘘、呬,皆出气也。……欲为长息吐气之法,时寒可吹,时温可呼。委曲治病,吹以去风,呼以去热,唏以去烦,呵以下气,嘘以散滞,呬以解极。"

呼吸精气，独立守神

《黄帝内经》，既非"黄帝"所作，又非一人所作，可能是秦汉乃至于隋朝若干黄老医家众人拾柴的集体作品。之所以托名"黄帝"，或因如此医学巨著，非黄帝这样的圣贤大智不能为之，或因溯源崇本，借以说明中华医药文化发祥之早。

没有任何一部作品是从天而降的神奇之作，《黄帝内经》也不例外。《黄帝内经》的问世，除了感谢托名于"黄帝"的无名英雄，还要感谢老子、庄子，或者说《道德经》《庄子》两部著作。

我们今天所说的养生追溯其思想渊源，虽有儒释道医四家的分别，主流还是道家的。道家养生思想的开宗立派，离不开《道德经》《庄子》，《黄帝内经》离开它们，我们今天所说的养生就成了无源之水、无本之木。

《道德经》是道家养生思想开天辟地的第一道光，从对社会主流价值观的否认，到对身体感官的抽离，从致虚守静到无为守弱，最终通过养生达到"无为而无不为"的理想境界。

《道德经》的了不起之处，在于把个人养生修道与宇宙生成连接在一起，后世养生家养生理论无不以此为源头。"唐宋八大家"之一的苏辙六十九岁生日当天，回顾养生经历，作诗一首，感叹

"老聃本吾师"。

如果没有《庄子》《道德经》，养生思想可能依然停留在道法自然的不可形容不可名状，停留在司马迁评论老子修道而长寿的结论中。至于世俗百姓为什么要养生，养生有什么好处，怎样才能把生养好，则无人能够回答。

庄子真的是一个天才，他在《庄子》中一口气说了养生得道的三重境界，真人、至人、神人，水火不侵，刀枪不入，飘然而来，悠忽而去，乘云气驾日月御飞龙，遨游于太空，与天地同寿。这是什么人？神仙！庄子非凡的想象力为养生修仙做了广告，为养生者指明了一个方向。秦皇汉武费心拜仙，追讨不死之药，也是受了庄子养生的启发。

怎样才能达到"真人、至人、神人"的境界呢？《庄子》把《老子》的精神养生具体化为"导引呼吸""心斋坐忘"等几个行动。

直到此时，道家养生的理论框架有了，修炼准则有了，目标也有了，但是人吃五谷杂粮，背负着沉重的肉身，要怎么防病？病了怎么办？这么具体的问题，玄而又玄的老庄没有回答，只能作为后世清谈的谈资，而不能作为世人养生祛病的指南。一切就像早就设计好的剧本，《黄帝内经》在这个时候翩然而至，人体保养的问题就由它来回答了。

《黄帝内经》是中医学奠基之作，也是中国第一部养生宝典，其养生思想可以概括为预防养生，未病先防，"治未病"。

《黄帝内经》认为导引对养生长寿至关重要。这部上古奇书把人的境界分为四重，最高的是"真人"，其次是"至人"，再次是

"圣人",最后是"贤人"。

"真人"生活在上古时代,《黄帝内经》中说,上古真人"提挈天地,把握阴阳,呼吸精气,独立守神,肌肉若一",与天地同寿,得道而永生。

"至人",比"真人"仅仅差了那么一点点,是中古时代的人,他们德性醇厚,保全大道,和谐于天地阴阳,调适于春夏秋冬,去世离俗,积累精气,保全神气,神游于天地之间,视听于八方之外,虽不能永生,但能延年益寿,身体强壮。

"圣人"又次之,能活到一百岁,他们生活在天地和谐的环境之中,顺从八风的变化规律,嗜好欲望一概从俗,无恼无怨。行为举止不离世俗准则,不穿奇装异服,避免世人嫉妒,既不过劳伤身,又不患得患失,追求的是恬淡乐观,悠然自适,形体不衰,精神不散。

"贤人"的境界最低,是上古真人养生之道的追随者。他们效法天地大道,遵循日月运行,辨别星辰位置,顺从阴阳法则,分辨四时变化,可以延长寿命,但有限度,不能以百数计。

对比可知,"真人"就像儒家所说的"圣人"、佛家所说的"佛",是养生家最高的人格形象。所以,唐太宗盛赞"药王"孙思邈,就封他为"孙真人"。

伸筋拔骨，以形引气

少读《天龙八部》，压根儿不知道神乎其神的《易筋经》原来只是一本养生书。阿朱之所以扮作僧人，从少林寺盗取《易筋经》，是因为她相信达摩老祖的《易筋经》是少林派武功得享大名的由来，只要将这部经书念通了，什么平庸的武功，都能化腐朽为神奇。岂知，盗出的《易筋经》全是梵文，一个字也看不懂。

金庸笔下的这一段故事虽属杜撰，却非子虚乌有，读过《易筋经》序文的人，看到此处，当能内心会意，拈花一笑。

原来，史上有一个版本的《易筋经》有篇署名李靖的序文，说达摩在少林面壁九年后，欲归西域，便将《易筋》《洗髓》二经传给弟子，弟子带走了《洗髓经》，却将《易筋经》封藏在少林寺，而后被一少林僧人发现，然而通篇皆为天竺文，勉强识得十之一二。于是，这位少林僧人长途跋涉，遍历川岳，在峨眉山访得一位天竺僧人，终将经文译出。奇怪的是，少林僧人与天竺僧人在经文译出后皆不知所终。很多年以后，有人在海外得到《易筋经》，传给虬髯客，虬髯客又传给了李靖。李靖凭借《易筋经》，为李世民立下不世之功，化身为《西游记》中的托塔李天王。

虽然达摩与李靖实有其人，序文显然是伪作，之所以扯上他们,大抵是因为原作者借他们的大名,抬高作品的可信度,以期天下人习得《易筋经》之法,祈求长生,延年益寿。

其实,《易筋经》根本不是什么威力无比的武功秘籍。

"易"者,改变也;"经"者,方法也。顾名思义,《易筋经》就是一套旨在改变筋骨,让丹田真气打通全身经络的练习方法。

究其来历,大抵为秦汉时期的导引养生之术,唐宋时期传入少林寺。少林僧人引入《易筋经》,很可能是因为参禅打坐时间久了,以"摘星换斗""倒拽九牛尾"的招式,收活血化瘀之效。

《易筋经》中最难理解的就是"筋"。在中医看来:"夫筋,人身之经络也,骨节之外,肌肉之内,四肢百骸,无处非筋相联络贯通,周行血脉,而为精神之外辅。如人肩之能负,手之能提,足之能履,通身之活泼灵动者,皆筋使之然者也,岂可容其弛挛靡弱哉?而痪瘟痿懈者,又宁许其入道乎?"

在我们看来,以现代解剖科学观之,"筋"就是骨骼肌、肌腱、韧带、筋膜、静脉血管、关节囊、神经等组织,与我们口语中的"筋"不是一回事。解剖学上的"筋"可以是骨骼肌,伸缩是它的基本功能,可以牵引关节做各种动作,经常拉伸骨骼肌就能保持弹性、伸缩力。杂技演员的身体可以千变万化,就是因为长期训练,使得他们的肌肉弹性、伸缩力远超我们普通人。

易筋经作为求长生的一种养生术,与明代之前的养生术一脉相承,也没有跳出古代养生术导引吐纳的套路,与五禽戏、六字诀、八段锦、太极拳异曲同工,都是为了内壮外强,"伸筋拔骨,以形引气"，养生健体。

和太极拳等功法一样，易筋经的练习也离不开按摩、吐纳这样常见的方法。筋与膜相连，练筋必须练膜，练膜必须练气，然而练筋易而练膜难，练气更难。《易筋经》主张"修炼之功，以气为主"，讲究的是心、意、气相合，通过肢体的导引屈伸，将人体散乱之气疏而导之，使五脏六腑及全身经脉得到调理，最终达到易筋的效果。

金庸笔下，《易筋经》是少林镇寺之宝，是武学中至高无上的宝典，无论是《天龙八部》还是《笑傲江湖》，真正学会《易筋经》的人物只有一个扫地僧、两个大师。

今天，会练《易筋经》者，在上海滩比比皆是。有上海医生将《易筋经》改编为大众体操，在上海社区推广，伸伸胳膊，扎个马步，全程不足二十分钟，对改善老年人腿部无力、腰膝酸软或有裨益。至于内壮神勇、外壮神力、指贯牛腹、掌断牛头云云，大可一笑了之。

吾有一术，名五禽之戏

华佗是我们自小就熟知的古代名医，人谓之"神医华佗"。《三国演义》说他为关羽刮骨疗毒，后来为曹操所杀。史书上说他"晓养性之术，年且百岁而犹有壮容，时人以为仙"，据说活了九十七岁。

不知今日历史教科书有没有提及华佗，提及他的时候又是怎么讲述的。我小的时候上历史课，是因为五禽戏而深深记住了他。《后汉书·华佗传》引用华佗自己的话说："古之仙者，为导引之事，……以求难老。吾有一术，名五禽之戏。一曰虎，二曰鹿，三曰熊，四曰猿，五曰鸟。"说他通过模仿虎、鹿、熊、猿、鹤的举止姿态，发明了一套供时人引体锻炼的体操，名为五禽戏，与呼吸吐纳相结合，可以畅通血气，祛病延年，像上古时代的仙人一样，通过导引养生，追求长生不老。

华佗发明五禽戏，一来是因为他相信"熊经鸱顾""动诸关节"的导引之术，是古代仙者的长寿妙法；二来是因为他相信适度运动能使人"谷气得销，血脉流通，病不得生"，譬如"流水不腐，户枢不蠹"。

五禽戏虽为华佗所创，但其理论源头不在华佗，而在于《黄帝内经》等前人成果，可以说华佗也是一位站在前人肩膀上的巨人。

庄子在《刻意》中就讲过,"道引之士,养形之人",喜欢刻意练习"熊经鸟申"功法,像熊一样攀枝,像鸟一样伸脚。

五禽戏是一种导引养生的功法,古人相信练习五禽戏可以强五脏,培内气,调心情。五禽戏一经问世,即有生生不息的生命力,非但华佗的学生喜欢练习,魏晋南北朝、隋唐、明清都有养生家研习五禽戏。柳宗元有诗云:"闻道偏为五禽戏,出门鸥鸟更相亲。"李商隐也有诗云:"海上呼三岛,斋中戏五禽。"

今日京沪女性热衷的八段锦,与五禽戏同出一脉,都源自古老的导引养生术。之所以叫"锦",可能是因为发明者、使用者皆认为这套导引养生功法,美如"金",妙如"帛",还能激发出丝锦那样连绵不断的联想。

2003年,国家体育总局与上海体育学院,从陈寿《三国志》、陶弘景《养性延命录》中,取其精华,编辑出版了《健身气功·五禽戏》,将虎之威猛、鹿之安舒、熊之沉稳、猿之灵巧、鸟之轻捷演绎得出神入化,一如《三国志》之评价:"玄妙之殊巧,非常之绝技。"

若言体用何为准，意气君来骨肉臣

我七八岁的时候，在长江边上的一个小镇，黎明即起，手舞足蹈，如水中摸鱼，大人问干什么，答曰练太极拳。

那时候，太极拳风靡华夏。电影《太极拳》中，忍辱负重的太极高手，遭遇欺男霸女的恶霸，忍无可忍，被逼出手，于是，惊天地，泣鬼神，荡气回肠，正义散发无限光芒。

无论内地还是香港，太极拳一直是影视剧不忍放弃的题材。在内地，从八一电影制片厂拍摄的《太极拳》到2012年的太极系列电影，不是陈家沟的传奇功夫，就是杨露禅学艺陈家沟，历经千难万苦，成为一代太极宗师的功夫传奇。主人公在列强入侵、内忧外患、豪杰四起的大背景下一跃而起，领时代风骚。

其实，太极拳究竟是何人何时所创，迄今应该是一个谜。但是，太极拳这个名字容易理解，无非是以中国古代阴阳太极的哲学理论，解释拳法的变幻无穷。《清史稿》中记载："清中叶，河北有太极拳……至清末，传习者颇众云。"

追溯太极拳的起源，有人会上溯到唐朝乃至更早的时代，是因为太极拳与我们古老的三大导引养生术本质上并无二致，其理论渊源，也离不开阴阳学说、中医经络穴位理论。正如五禽戏、易筋经、八段锦,都离不开俯仰屈伸、呼吸吐纳。实际上,我们今天习以为常的体操、瑜伽,乃至于跑步,看似现代,本质上都没有偏离上古导引之术,都有一以贯之的肢体导引,只不过今天的中国人将太极拳当成了内外统一、导引吐纳的最佳选项。

拳术与导引、吐纳的结合,是太极拳的一大特点,是气功在拳术之中的运用。太极拳一动而引全身,不像跑步那么单调,动作轻柔,连绵不断如行云流水,用意而不用蛮力,以心行气,收敛入骨,以气运身,便利从心。

清人王宗岳在《十三势歌》中说:"若言体用何为准,意气君来骨肉臣。"意思是,骨肉运动要以意为先,不要妄动。有拳友说,不理解"意气君,骨肉臣",就学不好太极拳。《十三势歌》乃太极拳传世经典,虽为文言,并不难懂,全文如下:

十三总势莫轻视,命意源头在腰隙。
变转虚实须留意,气遍身躯不少滞。
静中触动动犹静,因敌变化示神奇。
势势存心揆用意,得来不觉费功夫。
刻刻留心在腰间,腹内松净气腾然。
尾闾中正神贯顶,满身轻利顶头悬。
仔细留心向推求,屈伸开合听自由。
入门引路须口授,功夫无息法自修。
若言体用何为准,意气君来骨肉臣。

详推用意终何在，益寿延年不老春。
歌兮歌兮百四十，字字真切意无遗。
若不向此推求去，枉费功夫贻叹息！

虽然太极拳是一种武术运动，但是，众多练习者拜师学艺的目的还是养生健身。原国家体委为方便大家练习，简化编制"四十八式简化太极拳"，我童年把太极拳练成摸鱼就是那个大时代大背景下的一则小人物的小故事。

不食五谷,吸风饮露

张良的岁数是个谜。历史只记载他的卒年为公元前186年,生年则是一个问号。有好事者考证他的岁数,有的说六十五岁,有的说七十六岁,不管怎样,在秦末汉初都算难得。很难说,张良养生之秘是否仅仅在于辟谷,但《史记》中确有真真切切的记录。

辟谷,简言之就是不食五谷。

《史记》中说张良随刘邦入关中,"性多病,即道引不食谷,杜门不出岁余"。说的是张良向来体弱多病,入关后施行导引之术而不食五谷,闭门不出一年多。

辟谷,这个词有时也叫"却谷""绝谷"。1973年长沙马王堆汉墓出土帛书,对辟谷养生具体方法的详尽记载,表明辟谷养生的历史已逾两千年。

辟谷在司马迁看来,应该有益于健康。他在为张良所作传记的结尾特地感慨了一番:我原以为"运筹策帷帐之中,决胜千里外"的张良是一个"魁梧奇伟"的壮士,等我看到他的画像,"状貌如妇人好女",大吃一惊,居然像个美妙的女子。我曾去张良归隐秦岭紫柏山的张良庙,端详过主庙中的张良塑像,但见仙风道骨,飘然若仙,并无美妙女子形象。

张良之后常有辟谷者见诸史书。一代奇才曹植听说某位辟谷者含枣核不食,可至五年十年,跑到他家一试真伪。果然,"绝谷百日,……行步起居自若也",感觉良好。

我们看史书中点点滴滴记载的辟谷养生可知,辟谷养生源于先秦,盛于晋唐,与道教如影随形。

辟谷起初是道士们追求"长生不死,得道成仙"的探索方式之一。道家典籍中常有辟谷长寿成仙的说法。庄子《逍遥游》中"肌肤若冰雪,绰约若处子……乘云气,御飞龙,而游乎四海之外"的"神人",就是"不食五谷,吸风饮露"的人。"不食五谷"就是"辟谷"。葛洪在《抱朴子》中说,"食气以绝谷"的"得道者","上能竦身于云霄,下能潜泳于川海"。"食气以绝谷"也是我们所说的"辟谷"。

传统的辟谷大略有三种,一种是服气辟谷,一种是服水辟谷,还有一种是服药辟谷。

服气辟谷的"服气",通俗地说,就是服食空气。严谨地说,则是道家养生的导引服气。

服水辟谷的"水",指的是符水,化"符"于水中,而后饮下,配合存神行气,有一定的宗教色彩。

服药辟谷,就是服食一些高营养难消化的植物类食物,譬如茯苓,做成团状物服食,以调节身体。这是辟谷术中最重要、最常用的一种方法。

如今,辟谷在我们周围也不鲜见。然而不善辟谷者也有,因为机体水液代谢失调而晕厥甚至于死亡的新闻常见诸媒体。《法医学》杂志曾报道过一则辟谷后死亡的法医学鉴定案例,一位三十六岁的女士,持续辟谷三十九天,除了饮水,不吃任何食物,结束辟谷后,每天喝粥,十二天后出现意识障碍,最终死亡。

悲剧之下,专家不得不站出来谆谆忠告大家,虽然辟谷在某种程度上确实有利于养生,但要在专业人士的指导下辟谷,不能盲目行事。

屏息静坐，涵养天机

我读大学的时候，一看到朱熹的名字，马上就会笑出声来，因为大家都觉得"存天理，灭人欲"的说法太可怕、太可笑。读书久了，知其人，明其理，觉得理学家朱熹其实不是一个乏味的老头，也有很多可爱可亲可学之处，他的静坐养生迄今都有人在练习。

朱熹虽然一生坎坷，但绝不是一个刻板乏味、没有情趣、没有生活的人，且不说晚年纳妾，他一生多才多艺，弹琴听乐，呼朋唤友，登山览胜，悠游山水，休闲健身，养花种草，很懂得养生益寿。

朱熹幼年丧父，中年丧妻，晚年丧子，仕途多险，疾病多发，却活了七十一岁，远超时人寿数。

朱熹在武夷山镌刻过"涵养天机"四字，所谈并不限于天人合一的理学思想，还有静坐养生的方法论。

他写过一篇《调息箴》，全文百余字，乃数百年来读书人竞相记诵的用以养心养生的小品文。

予作《调息箴》，亦是养心一法。盖人心不定者，其鼻息嘘气常长，吸气常短，故须有以调之。鼻数停匀，则心亦渐定。所谓持其志，无暴其气也。《箴》曰：鼻端有白，我其观之。随时随处，容与猗移。静极而嘘,如春沼鱼。动极而翕,如百虫蛰。氤氲开辟,其妙无穷。孰其尸之?不宰之功。云卧天行,非予敢议。守一处和,千二百岁。

朱熹在这篇短文中说,一个"心不定"的人,鼻息特征非常明显:"嘘气常长,吸气常短。"要想把心定下来,就得调整屏息静坐,等到鼻息身静,心就慢慢定了。一个勤于调息静坐的人,能活一千两百岁。那么,怎么做呢?

观鼻尖白入静。

想象中,你的鼻尖上有个白点,你把注意力集中到鼻尖,眼睛似闭非闭,仅留一丝视线,凝神于鼻尖的一呼一吸,仅仅觉察,心无他念,慢慢处于虚静之境。

朱熹此话应该是受到佛家静坐的启发,《楞严经》中说:"经三七日,见鼻中气出入如烟,身心内明,圆洞世界,遍成虚净,犹如琉璃;烟相渐销,鼻息成白。"

朱熹说观鼻息白入静的做法,可以随时随地想做就做。观想一呼一吸,进进出出的气息,"静极而嘘,如春沼鱼。动极而翕,如百虫蛰"。

想象中,嘘出的气息就像春天池塘里的鱼儿在游,吸进的气息就像冬天旷野里蛰伏的虫儿,以此安抚五脏,导入虚静。

按照朱熹的说法,这种体验应该很奇妙,也很美妙。你对外呼气的时候外面是静的,体内是动的,外面是"静极而嘘",里面是

"如春沼鱼"。反过来也是一样,你对内吸气的时候,外面是动的,里面是静的,外面是"动极而翕",里面是"如百虫蛰"。

调息静坐不是朱熹独创,也不是儒家独有的养生方法。道家、佛家、医家都讲究调息静坐,心斋、坐忘、胎息、禅定、止观、跏趺坐说的都是调息静坐。虽说儒家"存心养性"、道家"修心炼性"、佛家"明心见性"、医家"调心合性"的价值取向不尽相同,但各家对养生必先养性、养生重在养心的理解大同小异,至于调息静坐,都是抵达心性养生的法门。

各家之中,似乎没有人能像朱熹把调息静坐写得如此美妙。

朱熹说调息静坐的体验就像高卧于彩云,飘行于天际,全身上下由内而外,无一处有挂碍,无一处不爽快,是"氤氲开辟,其妙无穷",妙到连朱熹都无法形容,"非予敢议"是也。效果呢?"守一处和,千二百岁",就像庄子在寓言中所说的,守住虚静之态,身心和谐,养生养神养到一千两百岁。

按摩博士，九品官衔

《红楼梦》中的贾母，是个福寿双全的老寿星。有时候，她会歪在榻上，和众人说笑，取眼镜向戏台上照，请大家恕她老了骨头疼，容她放肆些，歪着相陪，而后命丫鬟坐在榻上，拿着"美人拳"给她捶腿。

"美人拳"，也被称为"美人锤"，长约一尺二寸，一般是用藤条作杆，缎子里面充以丝绵、香料，做成"拳头"，给老人捶腿。

贾母八十大寿，宝玉为表孝心，不用"美人锤"，用拳头为贾母捶腿。

晚辈们还喜欢给贾母梳头，以百会穴为中心向前或向后梳，梳至头皮微热，讨她欢心。

今天，我们一般不会把捶腿、捶腰、梳头理解为按摩。但在三千年按摩史上，不但这些是按摩，今日民间"掐虎口，治嗓痛""掐人中，治休克""捏脊""踩背"都是按摩。

《红楼梦》写的是清代富贵人家的生活，仆人给主人按摩，晚辈给长辈按摩，比比皆是。追溯按摩的历史，一开始，按摩养生的方法是自我按摩，而非请人按摩。

虽然按摩起初被称为"老子按摩法"，但真正成为养形保健祛病良方，以手法医学的面目走向历史舞台，是晋唐时期的事，是随着道教兴起而兴起的。我们今天所能见到的最早的按摩著作，是晋朝道士许逊的作品。什么按口、按鼻、摩手、摩耳、摩面、摩脐、摩头，后世养生专著论及按摩，内容与之相差无几。苏轼、乾隆乃至梁漱溟的自我按摩，莫不如此。

隋唐两代，官方对按摩的重视，在今天看来有点儿匪夷所思。隋朝太医署设立按摩博士两人，将按摩作为医疗手段，列为官方医学教育计划的一部分。换言之，按摩不仅是自我按摩，还可以为他人按摩。唐代的按摩博士虽然少了一人，但赋予了从九品的官衔，另有四名按摩师，十六名按摩工，十五名按摩生，队伍庞大。

宋代，一对父子皇帝在按摩史上留下了他们的名字。父皇宋徽宗以他个人名义出版了一本泽被天下的医书，内有"按摩"专论，是史上最完整的按摩专论，以至于按摩很快在日常生活中普及，不再是晋唐道家长寿成仙的独特追求。文中说，别说按摩与导引不能混为一谈，按与摩也各有深意，功能不一。"可按可摩，时兼而用，通谓之按摩"，有时用按法，有时用摩法，两法并用，统称为按摩。按的时候不摩，摩的时候不按，按只能用手，摩有时还可以用药。

宋徽宗的儿子宋高宗，估计也很喜欢按摩，他的内府中收藏了一幅现存于北京故宫博物院的草书作品《神仙起居法》，赞美按摩是神仙级的享受。

行住坐卧处，手摩胁与肚。

心腹通快时，两手肠下踞。
踞之彻膀腰，背拳摩肾部。
才觉力倦来，即使家人助。
行之不厌频，昼夜无穷数。
岁久积功成，渐入神仙路。

有人说，这是五代时期的书法家写的，明代四大才子之一的文徵明坚持说，这是宋高宗赵构写的。宋高宗的书法堪称大家，他的草书《嵇康养生论》洒脱婉丽、自然流畅，是后代养生家燕闲清赏的上品。然而因为他重用秦桧，杀了岳飞，"直把杭州作汴州"，后人用唾骂、口水淹没了他的书法成就，更以他高寿八十一岁为耻。

按摩真正走进寻常百姓家，可能是明清年代。然而吊诡的是，明代一度取消了按摩科。明代隆庆年间，太医院把按摩科与祝由科一并取消，从十三科改为十一科。按摩界称之为"隆庆之变"。究其原因，知道"祝由"是什么，就大致清楚了。祝由是什么？是巫师不用药方用符咒治疗心理疾病的最原始的精神疗法。虽非"迷信"，但疗效好坏，实在不好说。按摩科被官方取消，固然与男女授受不亲、礼教严苛的时代背景不可分离，也与按摩医生鱼龙混杂、手法误治、疗效不彰息息相关。

然而，按摩就像巨石之下的小草，生命力顽强。官方取消按摩，民间就以"推拿"替代"按摩"，换个说法，就是流落到洗浴、理发行业，向民间求生存。以西门庆为主角的明代小说，说这位红顶商人每逢腰酸背痛，就要请推拿师给他篦头栉发，采耳，掐捏，用木棍子在身上滚，直到浑身通泰舒坦，酣然而眠。有时候，西门庆按摩时还会叫一个帮闲过来，谈天说地，放松精神。

清代内廷专门设立了一个特殊机构，叫"按摩处"，由鸟枪处首领太监兼管，职员六名，全是太监，专司为皇帝按摩。到了清朝后期，按摩处发展到二百来人，后宫嫔妃们有个腰酸背痛腿抽筋的时候也找他们按摩。清宫太监据说还有一套按摩绝技——五花拳。两手手指松松地握成拳，紧一阵、慢一阵、轻一阵、重一阵，捶打背腿。十个手指发出"咯咯"的清脆声音，一边按摩一边唱：由涌泉到百会，周身三百六十个穴道要全会……

今天大街上层出不穷的足疗，与日本的"足三里运动"颇有些神似。1935年，日本针对肺结核患者，掀起日本国民"足三里运动"，鼓励大家关注足三里，强身健体，防止肺结核。

活到21世纪，活过一百岁的宋美龄，也是一个按摩爱好者。20世纪50年代，还为她配备了专职按摩师。晚年，睡前常由两名护士轮流为她按摩，从眼睛到脚心，偶停一次，就会失眠，甚至寝食不宁。

我觉得，按摩养生确实有很多好处，"通则不痛，痛则不通"也不是空话。然而，多多少少，还是觉得让人替自己按摩哪里不对劲。我希望，有一天，大行其道的按摩养生，不是贾母、西门庆、宋美龄式的别人为自己按摩，而是以"老子按摩法"为代表的自我按摩。

学习老子,做个婴儿

三苏父子当中,唯有苏辙活过古稀之年,终年七十三岁。苏辙自幼多病,得此寿数,不谈养生则为妄言。

六十九岁生日当天,他可能联想到"人生七十古来稀",感叹黄老道家养生的妙不可言,于是写了一首诗:

少年即病肺,喘作锯木声。
中年复病脾,暴下泉流倾。
困苦始知道,处世百欲轻。
收功在晚年,二疾忽已平。
来年今日中,正行七十程。
老聃本吾师,妙语初自明。
至哉希夷微,不受外物婴。
非三亦非一,了了无形形。
迎随俱不见,瞿昙谓无生。
湛然琉璃内,宝月长盈盈。

开头四句是说少时肺病发作,猛烈咳嗽,中年旧病复发,又导致肠胃不适，腹泻拉肚子。他十二岁之前第一次得了肺病，痊愈三十年之后复发，同时还引发了脾病发作。当时哥哥苏轼因"乌台诗案"下狱一百三十余日，他上书皇帝，请求皇帝允许他以自己的乌纱帽为哥哥赎罪。皇帝不仅没答应，还反将他贬职发配到今江西高安，监督盐酒税的上缴，五年不得调迁。监督盐酒税是一个苦差事，极为繁忙，疲惫不堪，加之痛失爱女，生活困顿，以至于情绪失常，饮酒过量，导致肺病复发，他还曾赋诗一首《饮酒过量肺疾复作》，"夜归肺增涨，晨起脾失磨……衰年足奇穷，一醉仍坎坷"。

后几句说的是，到了晚年，肺脾二疾豁然平复，究其原因，就是诗中所说的学习黄帝、老聃，宗奉黄老学说，采取道教的服气养生之法，调理情志，心平气和，乐观随缘。

苏辙是文学家、名臣，也是一位养生家。苏辙养生宗于黄老，不离道家养生术，与上古先贤一样，倡导清心寡欲、静心养性。尽管苏辙养生，一如他一以贯之的疑古学术思想，并不尽信古说，但归根结底还是道家养生的信徒。他在诗中说"来年今日中，正行七十程。老聃本吾师，妙语初自明"。四句二十字，发出长长的人生感慨：明年的今天，我就七十岁了，老子原本是我的老师，遗憾的是，年近古稀，如梦初醒，才对老子的养生"妙语"有点儿明白。老子说："视之不见，名曰夷；听之不闻，名曰希；搏之不得，名曰微。"苏辙赞叹老子"希夷微"，就是老子的"道"，看不见、听不到、摸不着，无相无声无形，深不可测。多么了不起的至理名言，我要超然于功名利禄，像个超然物外的婴儿一样天真。

苏辙在诗中还提到,老子曾说过,要像神龙一样隐藏自我,不露锋芒,"迎之不见其首,随之不见其后"。苏辙说"迎随"之说,就像佛家世尊所说的"无生"一样,都是大智慧。他借生日的机缘,回望自己的养生之路,一边体道,一边修禅,排除外物,清净专一,如净琉璃入宝月,内心深处清澈光明、无限欢喜。

你别看苏辙谈到了佛家养生,他的养生之道与他的兄长苏轼一样都是内丹养生。按照道教医学养生的方法,通过炼养内丹调养身心。有宋一代,内丹养生蔚为大观,堪称时尚,远不止他们兄弟二人推崇。内丹养生兴起于唐宋,脱胎自道教传统的内修术。道士汉钟离、吕洞宾,宣称"身中自有一壶天",让内丹养生焕然一新。

这两位《八仙过海》中的道士,以人身为鼎炉,心比天、肾比地,气对阳、液对阴,打造了一个类似天地、日月、四时的人体小宇宙"炼丹"空间,以循环往复的内丹修炼功法,追求"无损无亏,自可延年"。

有宋一代是内丹取代外丹的重要时期,"紫阳真人"张伯端提出"人人尽有长生药",明确否定烧炼外丹,一本《悟真篇》被视为"内丹"与"外丹"彻底决裂的宣言书。北宋承唐末五代之余绪,内丹道得到文人士大夫的推崇,以至于宋代士大夫丹道养生成为一种独特的历史文化现象,而苏辙就是内丹养生不得不提的代表人物。

所谓内丹修炼的功法,包含导引、按摩、咽津之法。苏辙有首诗《送杨腾山人》,记录自己送别友人后,夜归休息独自炼养的情景,写到双手按摩涌泉穴,闭目内视,以及炼养体验。就此,他与兄苏轼交流甚密，书信频繁，苏轼赞弟弟是得道真人。苏轼在致友人的信中称赞苏辙内丹修炼效果非凡，"面色殊清润，目光炯然，夜中行气脐腹间，隆隆如雷声"。

内丹养生并不排斥外丹之药。苏辙认为养生以内丹为主，内丹炼成，才能服用外丹之药。他认为"昔人有服金丹不幸赴井而死，既而五脏皆化为黄金者，又有服玉泉死于盛夏而尸不败坏者"，究其原委，是因为"无内丹以主之也"，不以内丹修炼为主，单纯服用外丹是无用的。他在南京为官时，一位交情深厚的官场长辈与他分享喜讯，说自己请道士用紫金丹砂，费数百千，忙了一年，终于炼出丹药，可以服用了。苏辙不解地问：你怎么知道炼出的是可以服用的丹药呢？对方引用《抱朴子》中的判断标准道：用手一握，如泥出指间者，就是可以服用的丹药，我炼出的丹药就是这样，毫无疑问可以服用。苏辙说：若确定自己内丹已成，则可服食外丹；若是内丹未成，不妨再等等。

苏辙晚年，内丹养生就像吃喝拉撒一样是日常生活的一部分，他以"道人"自居，也相信世间有神仙。

元丰八年，苏辙担任绩溪县令，与一个道姑谈养生。道姑说苏辙像一个已经破碎的器皿，很难成道了，除非回归婴儿的状态。对于身在官场的苏辙来说，不可能回归婴儿状态，要想得道成仙是不可能了，聊以自慰的是，以导引、咽津、吐纳等内养之法，祛病延年是可以的。

元符元年，党争之中一再失势、一再被贬的苏辙，诏迁循州。苏辙携幼子居住在一个叫龙川的地方，于陋居中追抚往事，向幼子口述十卷本《龙川略志》，求颜回之乐，谈了许多养生医道，我印象最深的是《王江善养生》《赵生挟术而又知道》。

两篇短文写了两个乞丐,一个叫王江,一个叫赵生,都是蓬头垢面、落拓不羁、贪杯醉酒之人。苏辙借王乞丐谈养生,借赵乞丐谈养性。

冬日大雪,王乞丐醉倒在路上,任由大雪将他埋得严严实实,然而他气息不灭,生气勃勃,等到雪都融化了,他也不走。苏辙问他养生之术,他张口欲骂,后不知其所终,只知他能一字不遗地背诵《周易》。

赵乞丐在苏辙看来,是一个对道学所知甚多的乞丐。苏辙将他推荐给兄长苏轼,在黄州与苏轼相处半年后各奔东西。不久,苏辙听说赵乞丐被自己所养的骡子踢死了,颇为伤感。几年后,苏辙在京城遇一老友,老友说有个乞丐请他捎个口信,向苏辙问个好,一问长相,原是赵乞丐。人死岂能复活?待有人掘开赵乞丐之墓,苏辙大惊,只见墓中空空,只有一根拐杖和两条小腿骨。

很难说苏辙写这两个乞丐究竟想说明什么,我想,他说王乞丐养生可能是说,调养精气成就道家内丹功夫可以抵御寒湿。当年,他奉命出使契丹,穿越冰天雪地却能安然而归,可能对此有所感悟。他说赵乞丐养性,可能是说道教的神仙之说是真的,长寿不老的秘诀在于清虚无为。

显然,苏辙怀疑赵乞丐是一位知"道"的神仙,但他并没有明说,欲言又止。也许,他相信世上有神仙,但不敢说出来,以免被他已故的老师、无神论者欧阳修讥笑。

卷九

祛病延年

针刺之要,贵在治神

扁鹊路过一个名"虢"的小国,国君恳求扁鹊救活他的儿子,以免抛尸野外填塞沟壑的厄运。国君说完,悲伤抽噎,精神恍惚,流泪不止,悲哀不能自已。

扁鹊说:太子的病,就是人们所说的"尸蹶",太子实际没有死,只是阴气破坏,阳气隔绝,面色衰败,血脉混乱,安静得像死去一样。

扁鹊命学生磨砺针石,取百会穴下针。过了一会儿,太子苏醒了。扁鹊又让另一位学生准备入体五分的药熨,再加上药剂混合煎煮,交替在两胁下熨敷。不久,太子神奇地坐起来了。

又过了二十天,太子服用了扁鹊的汤剂,病体痊愈,恢复如初。天下人惊叹扁鹊能让死人复活。

扁鹊反对神化他,真诚地说:我没有复活死人的本领,太子能活是因为他应该活下去,我能做的只是帮他恢复健康而已。

这句话不是我编撰的,是《史记》中的原话。司马迁在《史记》中为扁鹊写了一篇列传。扁鹊是一位战国时期的大医,原名秦越人,今河北沧州人。《史记》中说,年轻时扁鹊在一家旅馆当经理。有一天,一位旅客前来投宿,扁鹊视之为奇人,毕恭毕敬地接待他。这位旅客也发现扁鹊不是普通人。十余年后,他把扁鹊喊过来,说他老了,想把秘藏医方传授给扁鹊,叮嘱扁鹊千万不要泄露。扁鹊恭敬地说:遵命。仰赖秘藏医方,扁鹊到处行医,名满天下。行医到秦国时,秦国太医令知道扁鹊医术高于自己,派人刺杀了扁鹊。

由司马迁的扁鹊故事,可知针刺治疗养生,早在两千余年前就是常见的治病养生手段。

针刺,是针灸的一种。我们今天所说的针灸,是针法与灸法的总称,是一种"内病外治"的医术。灸法,在我们的日常话语中叫艾灸。之所以称为艾灸,是因为要以预制的艾炷在我们的体表穴位上烧灼、熏熨,利用热的刺激防病治病。

针刺,起源于远古先民的经验。设想,偶然被尖硬石头刺痛体表,反而减轻了疼痛的现象,如果一而再再而三地发生,利用挖制、磨制技术制作刺入身体治疗疾病的石器,岂不顺理成章?如此石器,可能就是最古老的医疗工具——砭石。我们今天去养生保健场所,偶尔还会看到"砭石疗法"的广告,显然是古为今用之作。

随着冶金术的发展,针具也由石针、骨针慢慢变成了铜针、铁针、金针、银针。魏晋南北朝隋唐时期,擅长针刺的名医层出不穷,针刺理论不断更新。特别是唐代,掌管医药教育的太医署,为了推广针刺教育,还设"针博士一人,针助教一人,针师十人,针工二十人,针生二十人"。

《黄帝内经》说上等针刺医家"治未病,不治已病","凡刺之真，必先治神"，提示医家针刺之要贵在治神。好的针刺医家不但要懂得养生之道、药物性能、脏腑血气的诊断，还要把治神当作首要任务。治神，就是医家要安神定志，无欲无求，正气满满，精神专一。

"得神者昌，失神者亡。"医工都知道刺虚症须用补法、刺实症须用泻法，唯有懂得调神、生神、养神的针刺医家才是"上工"。自己"神"不宁，如何调病人之"神"？无论针刺深浅，取穴远近，针刺时都必须精神专一，如手握领兵"虎符"的将军般坚定有力，平心静气，不为外物所分心，全神贯注把握下针时机，气未至的时候，留针候气，如横弩之待发；气应的时候，迅速起针，如弩箭之疾出。

善于养生、喜究物理的人，针灸的时候，往往会有难以理解的困惑。1543年，维萨里《人体构造》的问世，以近代解剖学的方法论，让人类在解剖刀下看到了自己的肌肉、血管与神经。然而，我们无法在显微镜下、在解剖刀下，看到《黄帝内经》中的腧穴图。

遍布人体的腧穴，不同于解剖刀下的人体图，我们无法用现代解剖学解释五行统摄脏腑、经脉与官窍，也无法用数理传统与实验传统来解释古老的针灸理论。当一个中医师把银针刺入我们的穴位，跟我们说，这是什么穴位，那是什么穴位，扎入某个穴位是因为你"动肝火""发脾气""心神不安"什么的，都是我们用现代西方医学难以解释的。

其实，古人对穴位的命名，是他们对身体的观察记录，是他们以天人同构的逻辑，俯察品类，比拟器物，定义自然外物与躯体器官关系的结果。《黄帝内经·素问·气穴论》是腧穴论述专篇，说人体"凡三百六十五穴，针之所由行也"。穴之本义，是凹陷的坑窟。古人将多数气穴标注在人体表面的凹陷之处，是因为古人相信这些凹陷之处就是"气穴"，就是血气灌注的"藏气之穴"。

虽然"藏气之穴"是古人的想象，属于博物学知识，不易理解，但针刺行之久远的生命力是一种客观存在。2017年1月18日，国家中医药管理局官网上发布了世界中医药学会联合会的一则声明，驳斥一个境外网络百科全书开放平台（英文版）将针灸归为"伪科学"的言论。声明援引世界卫生组织的观点道："针灸是一种有效的治疗方法，已证明在近百种疾病治疗中安全有效。"

无病常灸，可保百年寿

宋太祖赵匡胤享年五十岁，没有留下值得后人借鉴的养生之道，却在无意之间，用一则真实的历史故事，证明了古人对艾灸养生防病治病的认识。

《宋史》记载，太祖赵匡胤得知弟弟赵光义生病，急往探视，亲持艾条，替弟弟做艾灸。赵光义疼痛难忍，赵匡胤心有不忍，就给自己艾灸，以此减轻弟弟疼痛的感受。古人赞赏赵匡胤兄友弟恭的皇家风范，以成语"灼艾分痛"颂扬赵匡胤的美德，与"煮豆燃萁"构成一对反义词，形成鲜明对比。

今人看宋代艾灸，还有一幅书法艺术珍品，就是欧阳修的《灼艾帖》。所谓《灼艾帖》，其实是一封短短六十余字的欧阳修写给学生焦千之的信。他听长子说这个学生生病了，"曾灼艾"，做过艾灸，他叮嘱这位"多日不相见"的学生，来家里坐坐，看看他灼艾之后"体中如何"。

这幅《灼艾帖》现藏于北京故宫博物院。欧阳修之后，还有一幅《灸艾图》，藏于台北故宫博物院，记录的是百姓艾灸的日常生活场景。根据画家身世猜测，《灸艾图》所绘应当是北宋被金兵攻陷汴梁后，今杭州底层百姓的生活。

艾灸，是灸法的一种类型。灸法，可以用艾草，也可以用柳条，但凡可以点燃、烧灼、烘烤于身体病痛部位以缓解或解除疼痛的树枝干草均可以使用。之所以偏爱艾条，或因医书推崇之。《本草从新》云艾叶："苦辛，生温熟热，纯阳之性，能回垂绝之阳，通十二经，走三阴，理气血，逐寒湿，暖子宫，……以之灸火，能透诸经而除百病。"

理气血，逐寒湿，也是艾灸养生的诉求。

艾灸养生馆之所以存在，主要是因为自古以来，人们相信艾灸可以温经散寒、行气通络，有助于气血畅行。

"气血"是中医中两个常见的汉字，其实并不易于理解。

气，是我们体内的气，是客观的、具体的、运动的、精微的，是构成人体的基本物质。正如博物学者所理解的那样，中医所说的气是古人对"呼气吸气"现象朴素直观的理解，是对调息静坐气功练习中感悟到的气在体内流动现象的想象、抽象、纯化。

血，是脉中循行的红色的液态物质。血在脉中行，脉为血之府。血供养脏腑、经络、形体、官窍。

《黄帝内经》说："人之所有者，血与气耳。"气为血之帅，气能生血，气能行血，气能摄血；血为气之母，血能养气，血能载气。"血气不和，百病乃变化而生"，所以，理顺血气关系，是中医，也是艾灸旨在恢复血气平衡的内在逻辑。

我想，艾灸，乃至于灸法的发明，乃是古人日常生活经验的结晶。古人用火，发现兽皮或树皮包裹烧热的石块、砂土热熨于局部，人很舒服，渐渐就被知识分子发现并喜欢。庄子说圣人孔子"无病而自灸"。南宋时代托名扁鹊的医书《扁鹊心书》云："人于无病时，常灸……，虽未得长生，亦可保百余年寿矣。"

艾灸在宋代大受欢迎，可能与宋人检讨反思前朝教训相关。宋代之前，帝王将相沉迷于丹药养生不能自拔。赵匡胤迷恋艾灸，在他那个时代，就是讲科学。

艾灸与针刺并称针灸，大行其道很多年。有趣的是，1822年，清道光皇帝下旨："针刺火灸，究非奉君之所宜，太医院针灸一科，着永远停止。"皇帝命令太医院停办针灸科，理由是对皇帝针刺火灸，非臣民奉君之道。

道光皇帝哪里知道，将近两百年后，针灸被国务院列为第一批国家级非物质文化遗产。

病有六不治，信巫不信医

元朝在中国历史上昙花一现，"九十年，国祚废"，以至于元代才子揭傒斯，即便跻身"元儒四大家""元诗四大家"，今人也知之甚少。

可能是因为偏于冷门，前些年，重庆市高考文言文阅读选择了揭傒斯的散文《赠医者汤伯高序》，考察了养生家深以为憾的"信巫不信医"。

揭傒斯是今江西宜春人氏。他们乡里有个医生名徐若虚，十五岁考中进士，不愿做官，回乡行医。听闻他人有一个好的药方，有一句有见地的医学观念，徐医生马上身携重金跋涉数百里拜人为师。数十年后，学问大成，文章内容广博，言简意明，见微知著，著述数十卷，如华佗再世。徐医生把脉治病，无论贵贱，不苛责报酬，他说能治好，就没有治不好的，他见患者无法治疗，也会如实相告。徐医生最忌讳的是巫师，见病人采用巫术治疗，扭头就走，以至于乡里巫师的影响力日渐式微。

揭傒斯行走天下数千里，无人赶得上徐医生，偶遇一两个良医，也只是钻研一门，擅长行医罢了，没有兼通的。没想到，来到盱江，见到汤伯高，大吃一惊。揭傒斯发现，汤伯高通晓各门医术、性情沉静、思想深奥、不骄傲不自夸，与徐若虚医生何其相似乃尔。

见到汤伯高的时候，身为帝师的揭傒斯正为巫师之患忧心忡忡。借此机会，揭傒斯有感而发，借赠序汤伯高的机会，表达他对巫术盛行的忧虑，希望世上医生都像徐若虚、汤伯高一样高明，以至于乡里人信医不信巫。

揭傒斯眼光老道，没有单纯责备乡里人愚昧，而是希望良医辈出，让巫师自然失色。

"信巫不信医"不是揭傒斯原创，而是司马迁在《史记》中借《扁鹊列传》说出的医有六不治之一。"骄恣不论于理，一不治也；轻身重财，二不治也；衣食不能适，三不治也；阴阳并，藏气不定，四不治也；形羸不能服药，五不治也；信巫不信医，六不治也。"就是说，一不治狂妄骄横不讲理不遵医嘱的人；二不治重视钱财不重视健康的人；三不治生活不规律、饮食不节制的人；四不治体内气血错乱、脏腑功能严重衰竭的人；五不治身体极度羸弱、不能承受药力的人；六不治信鬼神不信医生的人。

回溯中国历史，最早的医生应该就是接事鬼神的巫师。古代医学起源于商末周初，医由巫分化而来，但医巫分化不是一夜之间完成的。西周医巫并存。"医师"一词始见于《周礼》。《周礼》中的"医师"相当于主管卫生健康的干部，"上士二人、下士四人、府二人、史二人、徒二十人"。周天子的营养师"食医"，掌养万民之疾病"疾医"，掌疗兽病的"兽医"，都归"医师"指挥。与"医师"

并列的是"司巫",有"男巫"也有"女巫",比"医师"队伍庞大,显然是主流。

巫主医辅的局面,可能在春秋时期发生了变化,成语"病入膏肓"来自春秋时期晋国国君景公生病让巫师陪葬的典故。国君先向一位巫师咨询,耽误了病情,不得不向医学最发达的秦国请求良医支援,秦国良医一看,摇摇头,说病入膏肓,晚了。景公把煮好的新麦给巫师看,然后杀了他。接着,景公也死了。

直到战国末期,《山海经》中的楚国越地依然巫风不止。鲁迅故乡绍兴就是越地。鲁迅从小就读《山海经》,他写过的《社戏》中仍有越地巫风的斑斑痕迹。

虽说巫术到民国依然未绝,但人们对巫术的警惕已经很早就有了。乾隆五年正月十五元宵节,家庭闲话之际,二十一岁就在殿试中被皇帝赞为"颇得古大臣之风"的张若霭说,大凡喜欢并深信占卜星象的人,一定会因此受累遭灾,区别仅仅在于灾祸大小不同。他的宰相父亲闻之甚喜,自己遍阅世事才明白的道理,儿子小小年纪即已懂得。

日夜忧勤，其能久乎

康熙晚年为短命帝王群体翻案，说他们享年不永，不是因为书生们所说酒色奢侈，而是因为天下事繁，不胜劳惫。没想到，此话应在儿子雍正身上，一语成谶。雍正犯了养生过劳之忌，比父亲康熙、儿子乾隆都要短命得多。

康熙活得长，六十九岁去世。雍正继位的时候已经四十五岁，不仅继承了父皇推崇儒家文化的政治理念，也继承了不辞劳苦、勤勉从政的家风。1735年中秋过后，雍正在圆明园突发疾病，呕血、腹泻，渐至昏迷，连夜抢救，回天无力，于夜间一点左右驾崩于龙椅之上，享年五十八岁。继承大统的乾隆活了八十九岁，往前往后，比上比下，雍正不仅命短，在位时间也短。他在遗嘱中感慨，此生志愿未了，还是有些小小的遗憾。

雍正贵为天子，不可能不养生保形，但他确实太劳累。雍正一年年假只有冬至、除夕、生日三天。在位期间，他从未有过离开北京城的记录，留下奏折四万一千六百余件，件件有亲笔朱批，不管是件数，还是朱批的字数，都可谓空前绝后。按在位时间算，平均每天批阅奏折十件，处理六部和各省的奏本四十件以上。雍正批阅文件不让秘书代办，亲力亲为。他曾表示他的批示"或手批数十言,或数百言,且有多至千言者,皆出一己之见……此等奏折皆本人封达朕前,朕亲自觉阅、亲笔批发,一字一句皆出朕之心思,无一件假手于人,亦无一人赞襄于侧"。

历史学家孟森评价雍正"自古勤政之君,未有及世宗者",没有哪个皇帝比他更勤劳。《啸亭杂录》说他"在位十三载,日夜忧勤,毫无土木、声色之娱"。有一天,有臣工怕他过劳,劝他休息,他回复道:每日办理政务,从早到晚,精神倍出,身体从不困乏,倘若稍闲片刻,便觉得身体不舒畅。我勤于政事,不是勉强为之,硬撑着苦干,而是心甘情愿,自然而然。

雍正本来身体就不好,勤于政务,不能安心养病,健康恶化自然在情理之中。有人说雍正暴亡是因为丹药中毒,有人说他短命是因为酒色过度。我想说,人的寿命长短往往不是某个具体的原因直接导致的,雍正短命可能是多因一果,儿子乾隆宣称的勤政过劳虽非直接且唯一的原因,也是重要因素之一。

他的父皇康熙年近七十的时候,推己及人,说皇帝的劳苦不是普通人可以想象的。他说自己在位五十余年,天下粗安,四海承平,殚心竭力,几十年如一日,从来不敢懈怠,岂仅"劳苦"两字所能概括?

身为帝王,肩上担子重,无法推诿,哪里是臣子所能比拟?做臣子的,可仕则仕,可止则止,年老退休致仕,抱子弄孙,完全可以悠游自适;做皇帝的可不行,勤劳一生,了无休息。

过劳,是养生大忌。诸葛亮鞠躬尽瘁,五十四岁病死于五丈原。《资治通鉴》记载，诸葛亮北伐中原，披星戴月，夙夜为公，二十军棍以上的处罚也要过问。司马懿预言他"食少事烦，其能久乎"，进食少而事务繁重，怎么可能活得长？

著名经济学家、香港大学经济学院前院长张五常教授三十岁成名之后，动辄与香港四大才子雅聚，酷爱闲居游乐。我曾当面问他对中国人勤劳的看法。他说到他的父亲，并无病症，早早辞世，皆因一生过劳，油尽灯枯。

戒谨恐惧，时时慎疾

贵生之人时时谨慎，不敢对身体健康掉以轻心，以谨慎养生的态度得享寿数者比比皆是。

清代大学士张廷玉，是清代汉人官员中唯一配享太庙的臣工。张廷玉生前不时以身说法，告诉儿孙，要念念不忘"戒谨恐惧，时时慎疾"。

张廷玉自幼体弱多疾，精神不济，每行一二里路就疲惫不堪、力不能支，父母深感忧虑。张廷玉体察父母慈忧之心，小心翼翼地呵护自己的身体，慎起居，节饮食，时时谨慎，处处戒惧，生怕一不小心感染风寒。等到二十九岁做官，气体精壮。从此，身板硬朗，精神矍铄。

得益于少时谨慎养生，迈入仕途后的张廷玉并没有因为身体拖后腿。三十三岁的时候，张廷玉入直南书房，早起晚归，岁无虚日，陪同皇帝纵马塞外前后十一次，夏则避暑热河，秋则狩猎于边塞辽阔之地，乘马奔驰，饮食不定时，却不觉得劳累。有年秋天，张廷玉随康熙皇帝车驾远行，巡游蒙古各部落，于穷边绝漠之地，随时记录，一百余日不离马背，身体也能勉力支持，不知委顿。

雍正皇帝登基后，张廷玉以大学士身份兼吏部、户部尚书，都是工作繁忙的要职，皇帝搞不准什么时候起心动念传唤他议论朝政，昼日三接，习以为常。

张廷玉总裁史馆书局的时候，经常天黑回家，点燃一堆蜡烛，完成当天未竟之事，再把次日应对皇帝的事准备一番。盛暑之夜，至迟也要到二更天才能就寝，躺在床上想到某件事、某个稿子不妥当，立即披衣起床，亲自修改，至黎明时叫秘书抄录。皇帝看张廷玉事务繁多，夸他一日所办之事，别人十日也不见得可以做完，担心他睡得少吃得少，叮嘱他"爱惜精神，勿过劳"。

张廷玉五十岁之后的身体状况居然好于三十岁之前，自己也觉得不可思议，仔细想想，除了天地祖宗默默保佑之外，要归功于"戒谨恐惧，时时慎疾"的养生习惯。

张廷玉的养生习惯，其实并不新鲜。孔子就是一位典型的慎疾之人。《论语·述而》中说孔子一生有三慎，一慎斋戒，二慎战争，三慎疾病。看《论语·乡党》，可知孔子饮食非常小心谨慎。孔子晚年生病，显贵人物季康子馈赠药物，依周礼，对方是尊贵之人，他所赠送的食物，起码要尝一口。然而，一生贵礼的孔子，拜谢收受后没有尝试，说他不了解药性，不敢贸然送入口中。

张廷玉是儒家圣徒，不谈黄老之术，但他多半看过《黄帝内经》。《黄帝内经》中，也对慎疾养生有过生动的表达。黄帝问名医岐伯：我听说上古之人，超过百岁而动作不衰，今人还不到五十岁，就形容枯槁、动作衰敝，是怎么回事？难道是因为时代变了？岐伯回答道：上古之人，懂得养生之道，法于阴阳，和于术数，饮食有节，起居有常，不妄作劳，所以能形与神俱，尽终天年，度百岁而去。今人则不然，他们以酒为浆，以妄为常，动辄醉醺醺的，放纵欲望，耗散精神，不知持满，不知御神，只图一时痛快，逆于生乐，起居无节，所以半百而衰。

张廷玉没有半百而衰，八十四岁卒，生前福禄寿三全。

养生以不伤为本

"如果东晋时期有诺贝尔奖,葛洪,应该是中国第一个获此殊荣的医者。"

这句话不是我说的,是好事者伪造的屠呦呦在 2015 年诺贝尔颁奖典礼上的演讲词。

虽系伪造,亦非空穴来风。实际上,屠呦呦在领取诺贝尔生理学或医学奖后,在《青蒿素——传统中医药献给世界的礼物》的致辞中确实说过,葛洪在《肘后备急方》中关于"青蒿一握,以水二升渍,绞取汁,尽服之"的记载,给了她灵感。

葛洪是一位一千六百余年前的道教理论家、炼丹家、养生学家,他说"养生以不伤为本"。他在《抱朴子》中列示了伤害养生的十三种情形,谓之"十三伤":"才所不逮,而困思之,伤也;力所不胜,而强举之,伤也;悲哀憔悴,伤也;喜乐过差,伤也;汲汲所欲,伤也;久谈言笑,伤也;寝息失时,伤也;挽弓引弩,伤也;沉醉呕吐,伤也;饱食即卧,伤也;跳走喘乏,伤也;欢呼哭泣,伤也;阴阳不交,伤也。"

意思是说,才学如果达不到而用力思考可伤身,体力不能胜任而强做某事可伤身,悲哀憔悴可伤身,喜乐过度可伤身,急于得到某物可伤身，说话过多或过久、大笑可伤身，睡觉没有规律可伤身，强力拉弓引弩可伤身，饮酒醉到呕吐可伤身，饱食之后立即睡觉可伤身，跑跳过急以致气喘乏力可伤身，过喜过悲可伤身，性生活不正常可伤身。这些损伤是渐渐累积的，初时不易觉察，等觉察到性命损伤，则可能回天乏术，为时已晚。

葛洪带过兵，打过仗，做过官，不是一个纯粹的理想主义者，而是一个现实主义者。他知道"十三伤"的原因在于过高的欲望，在于名利、声色、货财、滋味、妄想、嫉妒这"六害"，要免受"十三伤"，远离"六害"，就要做到少思、少念、少怒、少愁、少事、少嫉等"十二少"，就要节制欲望。然而，绝大多数人都是欲望的囚徒，不可能因为几句空泛的说教，就做到"寡欲""节制"，所以他利用凡夫俗子避祸求福的本能，告诉世人节制欲望，调整心态，以平常心生活，就会"不请福而福来，不禳祸而祸去"，更不必担心什么"十三伤"了。

"十三伤"于今人看来明白易懂，不觉生涩。但他的传世名作《抱朴子》对一般读者而言可谓天书。书中说，养生的目的是不死成仙。今人以科学观之，或许会惊叹这位中国历史上的大人物怎么如此荒唐。

其实不然。对长生不老的追求，是对悲观厌世的抛弃，是对彼岸幸福的追求，是对生命的热爱。我们今天人均寿命七十八岁，实际上就是人类贪生恋世上下求索的结果。

我们说葛洪是道教理论家，而且是著名的道教理论家，是因为他的理论来自道教神学体系，信奉道教内丹术。

说到秦汉魏晋养生的时候，我们经常会提到内丹术。所谓内丹，是相对于外丹而言的。外丹就是把丹砂、铅、汞等矿石药物置入铜制炉鼎，高温冶炼，点石成金，化普通金属为金银，故而外丹术又叫黄白术。看过电视剧《西游记》中太上老君用扇子在炼丹炉前煽风点火的读者，可以想象古人炼丹的场景。炼丹家们最终提炼出名为"仙丹""金丹"的混合物，以之为"丹药"，吃下去求长寿，求长生，求羽化成仙。

内丹就是把我们的肉身当作一座炼丹炉。用葛洪的话说，用体内"精气""神"为原料药物，用意念进行导引，在体内反复"烧炼"，直至精气神在体内凝结成丹。

若想习得内丹之术，不仅要有"生命至贵，长生可得"的信念，还要有"内修守一，养精行气"的修炼意志。

葛洪不仅相信内丹术，也相信外丹术。作为道教理论家，他是第一个正式讲述外丹何以长生的有道之士。此前秦汉方士炼制外丹，形式大于内容，类似于沟通天上仙人的仪式，而不是真要得到金丹，把金丹当作延年药物吃下去。

葛洪确实是一个不同凡响的奇人，他出生于江南士族，叔祖父就做过炼丹方士。虽然出身于士族之家，怎奈少时丧父，家道中落，以至于砍柴换纸笔。因为叔祖父的关系，葛洪拜方士为师，立志归隐山林，炼丹修仙。适逢农民起义，烽烟四起，葛洪进入军营而非山林。因作战有功，获封"伏波将军"。人各有命，尽管葛洪世俗成就惊人，也娶得妻子，依然不改其志，锐意松乔之道，隐居广东罗浮山，炼丹修道。后以八十一岁高龄终老于此，为罗浮山留下了一座绵延一千六百年的道观，迄今仍是养生家心仪的圣地。

葛洪在罗浮山不仅写下了《抱朴子》《神仙传》等书，还写下了《肘后备急方》，为日后屠呦呦荣获诺贝尔奖铺了一块砖头。

久视伤血，闭目养神

曹雪芹一定相信"久视伤血"，否则，就不会在《红楼梦》中让宝玉的丫头晴雯累坏眼睛，吃了养血的药。

"勇晴雯病补雀金裘"是《红楼梦》中的一段故事。贾宝玉有一件雀金裘。这是一件俄罗斯裁缝用孔雀金线织的衣服，光华灿烂，远超出御寒本身的作用。有一次，啥都不稀罕的贾宝玉，一不小心，把衣服烧了一个洞。送到街头，"能干织补匠人""裁缝绣匠"从来没有见过，不认识，也不敢修补，怕补坏了赔不起。病中的晴雯，强打精神，连夜动手，帮宝玉补衣服，想将那个烧破的洞遮蔽起来。这可不是一件笨手笨脚之人干得了的事，手工要一等一地高明。

补这件衣服，把晴雯累得够呛。她补两针，就要停下来，细细端详一下，补个三五针，就要闭目养养神，一夜时光，补好了雀金裘，累得"力尽神危"。后来，用了很多益神养血的药物，调理了很长一段时间。

可见，曹雪芹对《黄帝内经·素问·宣明五气》所说的"久视伤血"是很清楚的，对闭目养神的好处也是心知肚明的。

其实，原文有五句："久视伤血，久卧伤气，久坐伤肉，久立伤骨，久行伤筋，是谓五劳所伤。"简称五劳。以中医之见，过劳而伤及五体，耗损五脏精气。

我看到这句话的时候，最在意的是"久视伤血"，而且马上联想到城市中的中小学生小小年纪都戴上了眼镜，还有都市写字楼里一坐半天岿然不动的白领们。如果哪一所学校哪一家公司能将"久视伤血""久坐伤肉"作为标语，贴在教室、办公室里，那该多好啊。其实，久视往往是因为久坐，不久坐，就不容易久视。

中医认为，肝与胆相为表里，开窍于目，我们的眼睛与我们的肝脏相互连接，肝主藏血，有贮藏、调节血液的功能，长时间用眼会损伤肝脏。肝脏受损，眼睛就没有足够的血液充盈滋养，目光就不会清澈，视物就不会清晰。

我们读古诗文，会读到白居易、刘禹锡、欧阳修、苏东坡等人早年用眼过度，中年近视，甚至有白内障、视网膜病变之类的毛病，苦不堪言。白居易诗作《眼暗》，曾被戏称为"小镇做题家"的中年读者读来可能会倍感亲切：

早年勤倦看书苦，晚岁悲伤出泪多。
眼损不知都自取，病成方悟欲如何。
夜昏乍似灯将灭，朝暗长疑镜未磨。
千药万方治不得，唯应闭目学头陀。

对于一天到晚久视之人，常有人建议闭目养神。回到中医的逻辑，神之机在目，神满者，两目生华，开颜含笑，端正可喜，若能动辄闭目养神，渐为习惯，则可以缓解疲劳，放松眼睛，补养肝血。

寓医于食，医药同源

李时珍自幼体弱多病，却活过古稀之年，终老于故乡今湖北蕲春，享年七十六岁，远超同时代大多数人的寿数。

李时珍研究医学，专研本草，为一代"药圣"，其"寓医于食，医药同源"的养生长寿之道，泽被后世，迄今不衰。

"药食同源"，是今天坊间人士谈论中药与食物关系的常用语，却是古代医学家从多年经验中推导出的理论成果。神农尝百草时代，药食不分，无毒者食之，有毒者避之。而后，先民们发现，许多食物本身就是药物，之间并无绝对的分野，中药的"四性""五味"理论，于食物，同样适用，任一食物都有寒、热、温、凉"四性"，辛、甘、酸、苦、咸"五味"。

可见，中药与食物是同时起源的，所谓"药食同源"即由此而来。

时至今日，国家卫健委"规范保健食品原料管理"的政府规章中，就有药食同源物品的详细名单，我们熟悉的生姜、山药、桂圆、百合、杏仁、花椒、茯苓、莲子、菊花、蜂蜜、丁香、八角茴香等，就在"既是食品又是药品的物品名单"中。

对药食同源理论的运用，最常见的就是药膳养生。所谓药膳，就是食、药同烹，将药物放入蔬菜、肉、蛋、奶之类的食物原料中，按比例，做成有食疗作用的饭菜，药借食力，食助药威，药攻邪气，食补正气，防病治病，温煦脏腑，增强免疫力，延年益寿。

李时珍提及的药食同源的食品中，有我们耳熟能详的生姜。他在《本草纲目》中说姜"可蔬，可和，可果，可药"。可蔬，就是可腌制成卤菜食用；可和，就是可以当作调料去腥增香；可果，就是可以做成姜糖蜜饯等；可药，就是可以治病。《本草纲目》称生姜"能强御百邪""解食野禽中毒"，可以发散寒气，调理脾胃。孔子爱吃生姜，无姜不食，肯定与李时珍无关，但曾国藩早起喜食腌制的生姜，或许与李时珍有关。

李时珍崇药粥养生，喜食糯米粥、红薯粥、大米粥，后人常以他的名义说"世间第一补人之物，乃粥也"。他在《本草纲目》中记载的药粥细分为补气、补血、健胃、清热、解表等十余类。李时珍引张耒《粥记》说："每晨起，食粥一大碗。空腹胃虚，谷气便作，所补不细。又极柔腻，与肠胃相得，最为饮食之良。"

李时珍出身于医药世家，父亲、祖父都是医生。在距今五百年前的明代，民间医生地位卑下，生计维艰，父亲希望他科举入仕，不走自己的老路，奈何李时珍举业无门，三试不第，最终还是以秀才身份继承了家学。

李时珍时代不可能具有今天这样的医学研究水平，他能编著《本草纲目》，提出"寓医于食，医药同源"，予今人"药膳养生"

的遗产，与其成为当地名医后，受聘于楚王，被荐于朝，在皇家太医院任职一年的经历有关，太医院的药房、药典、藏书、标本，为他打开了一个民间医生难以洞见的大世界。

日发千言，不损自伤

夜读唐史，看李靖传记，不知怎的，猛然想起"日发千言，不损自伤""寡言以养气"。

李靖，是一个曾经被判为死囚的传奇将军，生前沉默寡言，死后万言传世。李靖是陕西人，祖籍甘肃，本名药师，出生于官宦家庭，小时候就表现出罕见的文韬武略。身为宰相之后，仅次于房玄龄，与朝臣商议国事，恭谨温顺，显得特别不会说话，《旧唐书》称他"恂恂然似不能言"。李靖享年七十九岁，生荣死哀，被列为上等功臣，死后被神化。唐宋时代，还有道家方术之作以他的名义刊行。

寡言，不是不说话，而是少说话，谨慎说话，说得恰到好处。李靖原来不是李世民的部下，李渊起兵太原，攻占长安，俘获了李靖。临刑时，李靖大声疾呼：你们领导李渊起兵的初衷是除去天下暴乱，为什么大功未成先杀壮士？李世民与父亲李渊感动于他的才识与胆气，不但免死，而且重用了他。

老子相信"言者不如知者默"，有智慧的人必定是沉默寡言的，我故乡有句俗语"会说的不如会听的"，大概也是这个意思。"言"这个字，在《道德经》中数次出现，或者是"行不言之教"，或者是"多言数穷",或者是"希言自然",反反复复劝诫我们为人处世要寡言少语。在老子看来,话多容易轻诺,轻诺则寡信。

老子还说,善良之人不善言辞,善于言辞的辩者往往不是善良之辈,所谓"善者不辩,辩者不善"是也。按照这个标准,战国时代的苏秦、张仪都不是什么好人,都是以华而不实的言辞骗取他人信任的不仁之人。李靖虽然骁勇善战,性情却很淳厚。李靖喋血虏庭,率兵灭东突厥之后,御史大夫弹劾李靖治军无方,没有管住士兵抢劫财物,李靖不是居功自傲自我辩解,而是叩首谢罪。

孔子一生的信仰是"仁",不喜欢"巧言令色"之徒。他认为君子应当"讷于言而敏于行",善于做事不善言辞。后世儒家名流,如朱熹、王阳明、曾国藩等人,都是寡言的信徒,一再教训儿孙寡言。

寡言,在儒家眼中,大略是养德修身的需要,正所谓"水深则流缓,人贵则语迟"。古人说"寡言者可以杜忌",就是话少就不容易被人忌恨。曾国藩曾经给弟弟曾国荃写过一封信,劝他戒除"多言"的毛病,觉得"多言"是一种容易招致失败的"凶德"。年轻的时候,曾国藩初入翰林院,为父亲过寿,宴请宾客,在同乡好友郑小珊面前多言炫耀,好友悻悻离去。曾国藩反躬自省,向郑小珊道歉,并为自己定下"戒多言"的座右铭。

白居易不仅爱说话,还曾以嘲笑的口吻写了首《读老子》,批判老子所说的"言者不如知者默":

言者不如知者默，此语吾闻于老君。

若道老君是知者，缘何自著五千文。

白居易说：老子啊老子，你说沉默是金，会说的不如会听的，为什么你滔滔不绝，一部《道德经》写了五千字呢？玩笑归玩笑，康熙之后，清代文人学士以"寡言养气"诫勉晚辈后生者比比皆是。相声大师侯宝林就曾说："酒喝头盅，茶饮二遍，日发千言，不损自伤。"伤什么？伤气！

气，是道家的观念，是连通"精"和"神"的桥梁，是精气神三者之中的枢纽，与我们日常所说的空气不是一回事。

葛洪认为治身如治国，你可能注意到《抱朴子》中充满了"身国同构"现象，"国"可以解读为"身"，"民"可以解读为"气"，"君"可以解读为"神"，"臣"可以解读为"血"。为什么《抱朴子》说"爱其民，所以安其国；养其气，所以全其身"？因为"民散则国亡，气竭即身死"。

养生家反对话多，宗旨在于养气，道家养生虽以精、气、神三者为纲，但是，以气为中心，因为气是生命赖以存在的基础物质。"天地生化之机，在于一气之流行；生命生化之机，亦在于一气流行。气亏则萎，气衰则弱，气滞则病，气竭则死。""药王"孙思邈就曾说"多言则气乏"，意思是说话多耗气，容易导致肺气、脾气两气皆虚。

脾主运化，脾气虚弱，就难以通过脾的运化功能吸收营养，故而营养不良，气力不足。肺主宣肃，调节呼吸，调通水道，助心行血，肺气虚弱，则精神疲惫，咳喘气短。

补充一句，脾气、肺气两气皆虚，是中医的说法，与西医有别。西医所说的肺与中医所说的肺差不多，西医所说的脾与中医所说的脾则大相径庭。西医所说的脾是解剖学上的一个器官，位于我们的左上腹，是人体最大的淋巴器官，有造血免疫功能；而中医所说的脾是包括脾、肺、胃、大肠、小肠、胰腺在内的系列器官的功能。所以，当我们说"日发千言，不损自伤""寡言以养气"的时候，你去问一位小学老师下班回家的感受，可能要比一位西医院医师助理的感受深刻。

后记

序言与后记究竟有什么不同？

本来，写完序言，我就不想再写后记了，然而，还是忍不住。因为，我需要致谢的人太多了。

第一个要谢谢的人，是出版家路金波先生。有天晚上，在一个老友重逢的饭局上，我说了一句古人饮食养生的话，"一席之间，食忌多品"，大家都有同感，同赞古人智慧。路金波问我能否编辑一本《古人养生一百句》，我似答非答地答应了。但我并不觉得做这样的事有什么意义，说完就完了。

第二个要谢谢的人，是我的同事王烨。没有她的督促、录音、整理、校对，路金波先生的创意就不会落地。王烨是一个有心人。在我懒得编辑《古人养生一百句》的时候，她督促我给年轻同事写本小册子，既能丰富路先生的创意，还能兑现我对年轻同事的一份诺言。现实生活与精神世界的纠葛，对年轻同事的损耗，若非亲见，难以置信。2024年伊始，我祝年轻同事精神愉快、身体健康、工作进步，建议大家不要颠倒三者之间的顺序。大家苦笑着问我如何做到。我不敢好为人师，指点人生，就匆匆应答道："待我闲了，编辑一本小册子，每个人发一本。你们看看近代医学西风东渐之前，我们的先人是怎么处理三者关系的，也许，从他们那里，你们可以发现一些光，照亮身心隐秘的暗角。"

起初，我将这本小册子取名为"养生杂志"，就八十一人养生的历史脉络而言，也算恰当。岂料，非医学出版社出版的图书，书名中不能出现"养生"二字。由是，路金波先生赐名"中国人的身心生活"。以我的学养，尚不足以谈论如此宏大的命题，然而，这个书名确实贴切。从老子、庄子到曾国藩、李鸿章，他们对养生的理解，都是身体与心灵的和谐，入世与出世的统一，而非头疼医头、脚疼医脚。

第三个、第四个、第五个……要感谢的人，是以身说法的好友师长。年轻的时候，很多人可能都有过这样的困惑：我为什么要做个吃亏是福的好人？我为什么要低调示弱被人占便宜？我为什么要信仰平等、尊严、正义、利他的价值观？很多年前，我也有过同样的困惑。年届半百，回想见过的人、经过的事，良师益友们的形象，像我一步步走近的五岳，越来越高大，他们不仅教我做人，还教我养生。面对他们，反躬自省，实在是惭愧。他们当中，有的人富有，而不以金钱砸人；有的人位高，而不以权势压人；有的人才大，而不以学识傲人；有的人工薪度日，从不羡人锦衣玉食；有的人布衣一介，从不趋炎附势；有的人学识平平，却不会偏离常识。他们不会倚仗优势资源形成的强者地位，怠慢他人，也不会因为相对而言的弱者地位，自惭形秽。他们或者早早谢顶，或者斑斑白发，但永远遮不住他们勃勃向上的精气神。他们让我想起"仁者寿"，让我想起"顺应自然"，让我想到"志闲而少欲，心安而不惧，形劳而不倦"。

想当年，我少不更事，自以为少年得志，在他们士君子一般哀我失德谅我无知的目光中，丑态百出，扬扬得意，浑然不觉。时至今日，见贤思齐，我才懂得，在一个貌似复杂的社会关系中懂得尊重他人、尊重自己是多么不易。在商业竞争、组织竞争、社会竞争中不被权谋传统所感染，"温柔而慎密，明辨而近恕，优优乎有士君子之风"，需要多大的定力。功夫在诗外，养生在养外。也许，这些看似与养生无关的品质，才是养生的秘籍，所谓修身养性是也。这是中华文化经由历史传承送给我们的礼物，值得我们慢慢品味、细细赏鉴。

现代社会为绝大多数普通人提供了帝王将相们难以企及的医疗条件。绝大多数人不再需要为粗茶淡饭鱼肉杯酒，屈己从人，谄媚世界，机关算尽。我们完全可以坐享现代科技文明的成果，延年益寿。然而，心理学上渴望被人看见的本能，本土文化中富贵还乡的价值观，让人们，特别是聪明的人们，往往连保全自己都困难重重，何谈养生？

养生的基础是保全自己，用今天的话说就是三不伤害：不伤害他人，不被他人伤害，不自己伤害自己。感谢我的良师益友们，让我在阅读两千余年养生文献的时候有所参照，让我懂得今人养生最重要的不是保健，而是如何与他人相处，如何自处，如何避免三不伤害。一个不贪饵吞钩，不欺世盗名，不玩小伎俩，不要小聪明的人，是不容易自我折寿的。

世间事，知易行难。何况我本来就所知有限。我很幸运，作为一个病人，我遇到了很多大医精诚的好医生，他们让不善养生的我，明白了不少有利于养生的现代医学知识。等我拿到新书，我想，我会先把它送给我的医生朋友们：蔡伟、曹晓莉、陈环球、陈苏宁、耿伟、顾荣民、李慧英、李勤、刘德志、刘遂谦、刘小兵、鲁明、路继科、梅晓云、娜仁花、单兆伟、师素芳、谭希贤、万昕红、王华、王兰、王艳燕、韦家杰、温湧、文旭、吴性江、吴旭东、吴元赭、谢余、杨璐、于振坤、郁峰、赵燕玲、郑慧瑛、朱梦钧。

全书完

中国人的身心生活

作者_章敬平

产品经理_冯晨　装帧设计_杨慧　技术编辑_丁占旭
责任印制_梁拥军　出品人_曹俊然

果麦
www.guomai.cn

以 微 小 的 力 量 推 动 文 明

图书在版编目（CIP）数据

中国人的身心生活 / 章敬平著. -- 天津：天津古籍出版社：天津科学技术出版社, 2025. 1. -- ISBN 978-7-5528-1549-8

Ⅰ. D669.3

中国国家版本馆CIP数据核字第2024JH6247号

中国人的身心生活
ZHONGGUOREN DE SHENXIN SHENGHUO

产品经理：冯　晨
责任编辑：金　达
装帧设计：杨　慧

出版发行	天津古籍出版社　天津科学技术出版社
	天津市和平区西康路35号
印　　刷	河北鹏润印刷有限公司
经　　销	全国新华书店发行
版　　次	2025年1月第1版　2025年1月第1次印刷
印　　数	1—4,000
开　　本	880mm×1230mm　1/32
印　　张	9
字　　数	184千字
定　　价	49.80元

版权所有　侵权必究　　举报电话：（022）23332331
法律顾问　天津四方君汇律师事务所　丁立莹律师